David Österle • „Freunde sind wir ja eigentlich nicht“

David Österle

„Freunde sind wir ja eigentlich nicht"

Hofmannsthal, Schnitzler und das Junge Wien

K&S

Dieses Buch ist im Rahmen eines Forschungsprogramms des Ludwig Boltzmann Instituts für Geschichte und Theorie der Biographie entstanden.

www.kremayr-scheriau.at

ISBN 978-3-218-01162-4

Schutzumschlaggestaltung: Sophie Gudenus
Unter Verwendung eines Fotos von imagno/picturedesk.com
Lektorat: Paul Maercker
Satz und typografische Gestaltung: Sophie Gudenus
Druck und Bindung: Christian Theiss GmbH, St. Stefan im Lavanttal

Inhalt

Auf in die Moderne

Die Wiener Jahrhundertwende – kaum eine Ära in der österreichischen Geschichte kann größeren Anspruch erheben, eine Zeit der kulturellen Hochblüte gewesen zu sein. Kaum eine Metropole ist mehr zu einem Ort der Nostalgie und Verklärung geworden als das Wien um 1900. Gegen Ende des 19. Jahrhunderts erlebte die verfallende Monarchie eine Zeit des kulturellen Aufbruchs, ein letztes Aufbäumen, bevor der Kaiser sich an seine Völker wandte, den „Großen Krieg" auslöste und Habsburg damit in sein Ende trieb.

Künstler, Musiker, Literaten und Wissenschaftler waren die Wegbereiter des Aufbruchs in die Moderne, die in ihren Bereichen Revolutionäres schufen. Geboren wurden sie, als sich die Gründerjahre, die Ära liberaler Politik in den siebziger und achtziger Jahren des 19. Jahrhunderts, gerade ihrem Ende entgegen neigten, nachdem Wien 1873 von dem großen Börsenkrach erschüttert worden war. Der junge Kaiser hatte 1857 angeordnet, die mittelalterlichen Mauern, die das Zentrum der Stadt umgaben, schleifen zu lassen. Daraus ergab sich ein Wachstumsschub, der das städtebauliche Gesicht Wiens in den nächsten Jahrzehnten entscheidend prägen sollte. Mit dem Geld des Großbürgertums wurde die Ringstraße gebaut, ein Boulevard, der zum Symbol der Metropolisierung wurde. Hier reihten sich, wie auf einer Perlenkette, Repräsentationsbauten und Palais des aufsteigenden Großbürgertums aneinander, das den Adel zu erreichen, wenn nicht gar zu übertreffen suchte.

An den historistischen Bauten, die sich der großen Stilepochen der Kulturgeschichte bedienten, nahm die Künstlergeneration der Jahrhundertwende Anstoß. Für sie, die Modernen, waren dies Zeichen einer Unkultur, lediglich museale Kulisse, leere Dekoration, letztlich Lüge![1]

Man wollte mit der gründerzeitlichen Kultur brechen, die Kunst und Architektur auf ihre repräsentative Funktion reduzierte. Was ab den 1890er-Jahren auf den Gebieten der Wissenschaft, der Künste, Literatur und Musik geschah, und weit über Österreich, weit über Europa hinausdrang, suchte geradezu das Neue.

Sigmund Freud erfand die Psychoanalyse, Theodor Herzl publizierte 1896 den „Judenstaat", Otto Wagner revolutionierte den Städtebau, die Künstler der Sezession sagten dem akademischen Kunstsinn den Kampf an und bauten sich ihr eigenes Künstlerhaus. Viele der bis heute größten österreichischen Kulturexporte gehörten dieser Bewegung an, Gustav Klimt und später auch Egon Schiele. Gustav Mahler komponierte seine spätromantischen Symphonien und Arnold Schönberg revolutionierte die Tonkunst.

Doch auch die Wiener Literatur geriet in Bewegung. Aus Paris und London, Berlin und Skandinavien wurden die neuen und allerneuesten, teils auch konkurrierenden literarischen Strömungen importiert: Symbolismus, Ästhetizismus, Décadence und Naturalismus. Die Zeichen standen auf Aufbruch, Erneuerung, so viel war klar, doch welchen Weg die junge Generation der Literaten in Wien einschlagen wollte, hatte sich noch nicht entschieden. Aus der unübersichtlich großen, offenen und ausschließlich männlichen Runde von Schriftstellern, Journalisten und Schauspielern, die sich ab 1890 im Kaffeehaus darüber hitzige Diskussionen lieferten, schälte sich bald ein engerer Zirkel von fünf Autoren heraus, der heute noch unter dem Namen „das Junge Wien" bekannt ist.[2] Sie sollten das Literaturgeschehen in Wien dominieren und der Literatur des Wiener Fin de Siècle den Stempel der Moderne aufdrücken: allen voran Arthur Schnitzler und Hugo von Hofmannsthal, aber auch Felix Salten, von dem vor allem das Kinderbuch „Bambi" heute noch bekannt ist, Richard Beer-Hofmann, zu Beginn noch ein Dandy par excellence und Hermann Bahr, der selbsternannte Mentor des Kreises.

Ein gutes Jahrzehnt lang – es war die Zeit ihres Junggesellendaseins –

fühlten sich die Autoren, so verschieden sie auch waren, einander enger verbunden: Man trug einander die neuesten literarischen Arbeiten vor, diskutierte über Poesie und Leben, über Tradition und Moderne. Die Autoren gingen keineswegs „bildstürmerisch“ vor, waren sie doch stets um Erneuerung im Zeichen der Tradition der abendländischen Kultur, besonders auch der österreichischen, bemüht. Die Autoren des Biedermeier, Grillparzer, Stifter, Lenau und Nestroy, die Schriftsteller des Realismus, Marie von Ebner Eschenbach und Ferdinand von Saar waren die Penaten ihres geistigen Haushalts. Tradition *und* Moderne, Reaktion *und* Rebellion verbanden sich mit dem gesellschaftlichen und politischen Klima der Jahrhundertwende.

Die Wege der Jung Wiener sollten sich immer wieder auch mit jenen anderer Größen, Exzentriker und Künstlerkreise der Moderne kreuzen. Arthur Schnitzler ging mit Sigmund Freud eine „Doppelgängerschaft“ ein und verkehrte im Salon der Berta Zuckerkandl, einer Schriftstellerin, Journalistin und Kritikerin.[3] In ihrem Salon, in dem sich 1901 auch der Direktor der Wiener Hofoper, Gustav Mahler, und seine spätere Ehefrau Alma Schindler kennenlernten, wurde Hofmannsthals „Jedermann“ das allererste Mal öffentlich vorgetragen. Felix Salten sprang für Gustav Klimt während dessen öffentlicher Anfeindung wegen seiner Fakultätsbilder im Festsaal der Universität in die Bresche, Hermann Bahr schließlich gehörte zu den Initiatoren der Wiener Secession und ließ sich von Koloman Moser porträtieren. Otto Wagner lieferte die Fassade für das Depeschenbüro der von Bahr einst mitgegründeten Zeitschrift *Die Zeit*, bei der Felix Salten wiederum als Redakteur tätig war. Beer-Hofmann ließ sich vom Sezessionisten Josef Hoffmann eine Villa im Cottageviertel erbauen und verkehrte mit Schauspielern von Rang wie Josef Kainz und dem Zionisten Theodor Herzl.

Es hatte vieles gleichzeitig Platz in diesem Wien der Jahrhundertwende. Und doch war es auch eine Zeit erbitterter Kämpfe. Damit sind nun nicht nur die politischen und gesellschaftlichen Spannungen angesprochen, die auch in Wien, dem kulturellen Schmelztiegel des Viel-

Gruppenbild im Prater: Hofmannsthal und Schnitzler (stehend); Beer-Hofmann, zwei unbekannte Frauen und Felix Salten (sitzend), 1894.

völkerstaates, gegen Ende des 19. Jahrhunderts, der Zeit nationaler Emanzipationsbestrebungen, virulent wurden. Nicht nur die antiliberale und antisemitische Politik der Christlichsozialen Partei unter Karl Lueger und, mehr noch, der Deutschnationalen unter Georg von Schönerer, sondern, unmittelbar vor den Augen: die grassierende Armut und die katastrophalen Wohnverhältnisse in den Wiener Vorstädten – all das, was heute häufig vom Zuckerguss der Sisi-Nostalgie und dem Kaffeehaus-Zauber überdeckt wird.

Aber auch in künstlerischen Fragen lag Spannung in der Luft. Nicht alles, was das Etikett „modern“ verdiente, wurde auch von allen gewünscht. Es gab durchaus verschiedene Vorstellungen, was denn das „Neue“ eigentlich sein sollte. So lagen die Jung Wiener bald schon mit Karl Kraus im Clinch, der ihnen „Oberflächlichkeit“ und „Schönheitskult“ vorwarf. Ein Scharmützel lieferte sich auch der Architekt Adolf Loos, ein Freund von Kraus, mit seinem einstigen Schulkollegen Josef Hoffmann: Loos, der in seinen pointierten Aufsätzen dafür eintrat, dass Architektur und Gebrauchsgegenstände in erster Linie praktikabel sein sollten, kritisierte Hoffmann und dessen Wiener Werkstätte dafür, selbst das Teeservice und den Polsterbezug zu Kunst machen zu wollen. Nicht zuletzt hatte sich der Ornamentkritiker Adolf Loos sogar den Kaiser zum Feind gemacht, mit seinem Haus am Michaelerplatz, das er 1910 für den exklusiven Herrenausstatter Goldman & Salatsch errichtet hatte. Das „Haus ohne Augenbrauen“, wie es die Wiener aufgrund seiner fehlenden Fensterverdachung bald nannten, ist ein frühes Beispiel moderner Architektur in Europa. Vom Kaiser sagt man, dass er es fortan vermieden habe, die Hofburg über den Michaelerplatz zu verlassen.

Kaum einen Steinwurf von dem Platz entfernt, wo ab 1910 das Looshaus stehen sollte, lag das Palais Herberstein. Darin: das Café S. Griensteidl. Kein anderer Ort ist so mit dem Literatenkreis des Jungen Wien verknüpft, kein anderer Ort hat die Wahrnehmung der Gruppe so überlagert. Das Junge Wien, der Griensteidl-Kreis – ein Mythos.

Café Griensteidl im Palais Dietrichstein-Herberstein, 1896.

1

„Im Kfh. 12 Leute“: Ein Kreis findet sich

„Arthur Schnitzlers Anfänge und seine Entwicklung … das sollte ich schön historisch und psychologisch der Reihe nach erzählen. Und kann es nicht: so stark überflutet mich die Erinnerung an junge Zeiten und so wechselvoll schieben sich Bilder auf Bilder durcheinander … Und ich sehe uns alle in dem rauchigen, durchlärmten, mattbeleuchteten Zimmer im Café Griensteidl sitzen; dieses alten, jetzt schon lange verschwundenen Kaffeehauses, das von witzigen Rezensenten, fingerfertigen Satirikern und oberflächlichsten Betrachtern aus dem ‚Reich‘ geraume Zeit hindurch als das Wahrzeichen der Jung Wiener Literatur ausgegeben und belächelt wurde“.

Mit diesen Zeilen beginnt Richard Specht 1922 den Faden seiner nostalgisch gefärbten Erinnerungen an das Junge Wien abzuspulen. Specht, der mit bedeutenden Biografien zu Strauss, Brahms und seinem Freund Gustav Mahler hervortrat, war selbst ein Jung Wiener der allerersten Stunde. Er sieht die Protagonisten noch genau vor sich: *Hermann Bahr*, „den ewig ‚Morgigen‘, sprühend vor Leben, Kraft und Übermut, etwas Quartier Latin, etwas Daudet“, *Hugo von Hofmannsthal*, „pagenhaft dantesker Theresianist, altklug und kindlich zugleich“; er erinnert sich an *Richard Beer-Hofmann*, der „damals eine Art wienerischer Oscar Wilde war, sein Dichtertum hinter funkelnden Paradoxen und nachklingenden Erkenntnissen maskierend, ein Beispiel, wie man als Künstler leben und sein Dasein mit Schönheit füllen, in Schönheit verwandeln“ müsse, *Felix Salten* sei damals gerade mit „seiner ungestümen Energie in diese Welt" hereingebrochen und habe alles an sich gerissen, „Arbeit, Menschen, Bücher, um es nicht wieder loszulassen", und schließlich *Arthur Schnitzler*, mit dem er ein Leben lang befreundet bleiben sollte und der zu jener Zeit gerade dabei war, „aus feinem Amateurtum zur Sicherheit seiner wachsenden Künstlerschaft" aufzusteigen.[4]

Schnitzler gehörte zu den älteren der Literatenfreunde Spechts. Er kam am 15. Mai 1862 als erstes von insgesamt vier Kindern des Universitätsprofessors für Laryngologie Johann Schnitzler und Luise (geb. Markbreiter) zur Welt. Die Geburt fand in der elterlichen Wohnung statt, in der Praterstraße 16, die damals noch Jägersteig hieß. Seine spätere Laufbahn als Schriftsteller entschied sich bereits hier, wie Schnitzler ironisch am Beginn seiner unabgeschlossenen Autobiografie festhält. Denn: nur „wenige Stunden später, mein Vater hat es mir oft erzählt, lag ich für eine Weile auf seinem Schreibtisch". Es war dies „für einen Säugling immerhin [ein] ungewöhnlicher Aufenthalt", der den Vater zur „scherzhaften Prophezeiung" seiner „schriftstellerischen Laufbahn" veranlasste.[5]

Zu schreiben begann Schnitzler schon als Kind. Im Juli 1873 entstand das gewaltige Gedicht „Rom in Brand", das er im Kreise seiner Familie in Bad Vöslau vortrug. Die Großmutter war verzückt: „Ein zweiter Schiller!"[6] Sieben Jahre später dann eine erste Bilanz seines Schaffens, die sich sehen lassen kann: „Somit hab ich bis auf den heutigen Tag zu Ende geschrieben 23, begonnen 13 Dramen, soweit ich mich erinnere."[7] Im gleichen Jahr gibt er in der Münchner Zeitschrift „Der freie Landbote" sein literarisches Debüt mit dem „Liebeslied der Ballerine" und einem Aufsatz „Über den Patriotismus".

Und doch, rein äußerlich, verlief Schnitzlers Kindheit und Jugend in den gängigen bürgerlichen Bahnen. Nach Abschluss des Akademischen Gymnasiums nahm er auf Wunsch seines Vaters 1880 das Studium der Medizin auf – für den jungen Mann, der sich selbst als Dichter verstand, eine Qual. Er promovierte, wurde Assistenzarzt und ab 1888

Porträtaufnahme von Schnitzler, um 1885.

Assistent von Johann Schnitzler an der laryngologischen Abteilung der Poliklinik in Wien. Hier war er vor allem eines: „Sohn meines Vaters". Dass er für längere Zeit im Schatten seines in Wien hoch angesehenen Vaters stand, war ihm ein Dorn im Auge.

Zum Leidwesen von Johann Schnitzler hatte der Sohn seit den frühen 1880er-Jahren die zwanglose Gesellschaft von Schriftstellern und Dichtern gesucht und diese im Kaffeehaus gefunden. Hier spielte der Jugendliche Billard und Poker, vor allem aber las er hier seine ersten literarischen Versuche vor und gab sie zur Kritik frei.

Mit seinem Jugendfreund Julius Gans von Ludassy, den er als einen leicht großspurigen Bohemien schildert, der seine Existenz als Womanizer gern an die große Glocke hängte, traf er sich im Café Ruthmeyer oder im Café Central. Schnitzler erinnert sich, wie er den vier Jahre Älteren nachts hier „vor einem Absynth sitzend, und mit gläsernem Blick in den Spiegel starrend" angetroffen hatte und er ihm „auf eine

Eislaufplatz vor dem Akademischen Gymnasium. Im Hintergrund die Karlskirche, um 1900.

Frage oder auch nur auf einen fragenden Blick erwidert hatte: ‚Ich will sehen, wie ein Kerl aussieht, der eben fünfmal der Liebe gefrönt (er wählte einen gangbareren Ausdruck) und zwei Flaschen Champagner getrunken hat.'"[8]

Ludassy sollte später als Redakteur verschiedener Wiener Zeitungen und Autor sozialkritischer Volksstücke in der Wiener Öffentlichkeit durchaus präsent sein.

Ab 1889 kristallisierte sich für Schnitzler das Griensteidl als Lieblingscafé heraus, in dem er die Keimzelle „zu einem literarischen Verein Jung Wien" zu finden glaubte. Die Liste der Autoren, die sich im Tagebucheintrag vom 2. April 1890 findet, überrascht, es sind allesamt längst vergessene Schriftsteller des vor-naturalistischen Realismus, zu denen er bald schon kritisch auf Distanz gehen sollte: „Poestion, Lemmermayer, Steiner, List, Wodiczka, Ludaßy, Klein, Breitenstein, Goldmann."[9] „Neue Leute" kamen im November des gleichen Jahres zur Runde hinzu: „Leo Vanjung. Richard Beer-Hofmann. – Rob. Hirschfeld".[10] Es entstanden Bekanntschaften, die ihm ein Leben lang erhalten blieben.

Beer-Hofmann war vier Jahre jünger als Schnitzler. Er wurde am 11. Juli 1866 als Sohn des vermögenden Anwalts Hermann Beer geboren. Seine Mutter starb bereits bei der Geburt und so wurde er von Alois Hofmann, dem Mann seiner Tante mütterlicherseits, adoptiert und in Brünn großgezogen. Er gab sich deshalb den Namen Beer-Hofmann. Die Familie zog nach Wien, nachdem der Adoptivvater die Fabrik in Brünn verkauft hatte. Dem Sohn brachte dies die privilegierte Situation, ein Leben als freier Schriftsteller führen zu können, ohne einen lästigen Brotberuf ausüben zu müssen. Wie Schnitzler besuchte er in Wien das Akademische Gymnasium; im Anschluss studierte er Jus.

Im Sommer 1890, kurz nach seiner Promotion, lernte Beer-Hofmann in Pörtschach am Wörthersee Leo Van-Jung kennen, wie er in einem Heft mit „Daten" festhielt, einer Ereignis-Chronik, die er später in der

Richard Beer-Hofmann, um 1890.

Emigration zur Vorbereitung seiner Erinnerungsschrift „Paula – ein Fragment“ anlegte. Der Mathematiker, Musiker und Gesangspädagoge Van-Jung, der aus dem ukrainischen Odessa stammte, in Russland seine Jugend verbrachte und sich später für die zionistische Bewegung engagierte, diente als Sekundant bei einem Duell, das Beer-Hofmann mit einem gewissen Baron Seckendorf in der Militär-Reitschule in Klagenfurt auszufechten hatte; Beer-Hofmann ging daraus als Sieger hervor: „kampfunfähig", wie er in seinen „Daten" festhält.[11] Der Sekundant des Duells wurde wenige Jahre später jedenfalls einer seiner beiden Trauzeugen.

Zum Kreis im Griensteidl war Beer-Hofmann im Herbst 1890 durch Paul Goldmann gestoßen, durch ihn, so erinnert er sich in den „Daten", lernte er „im Herbst, in Wien, Arthur Schnitzler, Hugo von Hofmannsthal, Gustav Schwarzkopf, Robert Hirschfeld, später Hermann Bahr" kennen. Der genannte Paul Goldmann leitete gemeinsam mit seinem Onkel Fedor Mamroth die belletristisch-musikalische Zeitschrift *An der Schönen Blauen Donau.* Hier erschienen die allerfrühesten literarischen Arbeiten der Jung Wiener, in einer Zeit, in der es für die Autoren nicht ganz einfach war, in anderen Publikationsorganen angenommen zu werden. Goldmann, der ab 1892 als Korrespondent für die *Frankfurter Zeitung* in Brüssel, Paris und China tätig war, hatte in diesen ersten Jahren eine wichtige Mittlerfunktion.

In der Redaktionsstube gaben sich die Wiener Jungtalente bald die Klinke in die Hand. Schnitzler war schon 1889 der Einladung von Fedor Mamroth nachgekommen, ihn in der Redaktion zu besuchen.

Paul Goldmann, Atelier Pun Lun in Hongkong, 1898.

Bei dieser Gelegenheit lernte er dessen Neffen und Vertreter kennen, „Herrn Doktor Paul Goldmann, einen vierundzwanzigjährigen, liebenswürdigen Herrn in Lodenrock und Nachthemd mit Quasten, untersetzt, beleibt, ein ganz klein wenig bucklig, mit Kraushaar und mit hellen, schönen, blauen Augen." Die beiden schienen sich auf Anhieb bestens zu verstehen; eine langjährige, von Irritationen allerdings nicht ganz freie Freundschaft sollte hier ihren Ausgang nehmen.[12]

Knapp ein Jahr später war Schnitzler in der Redaktion dem Gymnasiasten Hugo von Hofmannsthal über den Weg gelaufen, wie sich dieser in einem Brief an Arthur Schnitzler aus dem Mai 1896 erinnert: „Mir ist eingefallen, wie mir der Goldmann zum ersten Mal von Nietzsche und von Bahr erzählt hat, das ganze kleine Redactionszimmer und unsere ersten Begegnungen, und alles kommt mir so unglaublich vergangen vor und so nett und altmodisch wie eine Geschichte aus der Jean Paul-Zeit."[13]

Hofmannsthal wurde am 1. Februar 1874 in Wien geboren. Es war das Jahr nach dem großen Börsenkrach, bei dem sein Vater, Hugo August Peter Hofmann, und seine Mutter, Anna Maria Josefa Fohleutner, einen Großteil des Familienvermögens verloren. Die beiden hatten in Neapel auf ihrer Hochzeitsreise per Telegramm davon erfahren.

Der Sohn wuchs dennoch in finanzieller und sozialer Sorglosigkeit auf, da Hugo sen. sich in kurzer Zeit zum Leiter des Rechtsbüros der „Oesterreichischen Central-Boden-Credit-Bank" hinaufgearbeitet hatte, einer der wenigen Banken, die die Wirtschaftskrise beinah unbeschadet überstanden. Er wurde 1894 sogar zu deren Direktor befördert.

Sein Filius, der spätere Dichter, wuchs als Einzelkind in einer Wohnung in der damals noch geschlossen spätbiedermeierlichen Salesianergasse auf, im dritten Wiener Gemeindebezirk, überbehütet von der launischen und zu Depressionen neigenden Mutter. Bildung spielte eine große Rolle, das Lektüreprogramm des Jugendlichen, über das er zeitweise genau Buch führte, ist eindrucksvoll: Im Zeitraum von März bis Mitte Mai 1890 sind nicht weniger als fünfzig Werke verzeichnet, neben Lyrik und Erzählprosa auch kulturhistorische und kunstphilosophische Studien. Der Vater trug dabei über lange Zeit Sorge, dass ihm nichts „Falsches“ in die Hände fiel. Jene Buchseiten, die in seinen Augen für die Entwicklung des Sohnes ungünstig waren, nähte er mit einem Faden zusammen, und er konnte sich bei der „tadelhaften Gehorsamkeit“ seines Sohnes sicher sein, „dass dieses schwache Siegel nicht gelöst wurde“.[14]

Hugo von Hofmannsthal, 1893.

Auch Hofmannsthal besuchte, als der Dritte im Bunde, das angesehene Akademische Gymnasium und erhielt nebenbei noch Privatunterricht in Französisch. Grundlegende Kenntnisse der englischen Sprache hatte seine englische Gouvernante, Miss Anna, bereits dem Neunjährigen vermittelt.[15] Am Gymnasialleben fand er jedoch wenig Gefallen, schon bald verspürte er gar tiefe Abneigung gegen jenen Ort, an dem er „von allen möglichen, wildfremden Jungen als Collega angesprochen, vom Schuldiener täglich um das Wetter befragt und von gedächtnisschwachen Professoren hundertmal um seinen Namen gefragt“ wurde, so berichtet er seiner Freundin Gabriele Sobotka nach Ende der Sommerferien.[16] Hofmannsthals steigende Antipathie ging einher mit seinen schlechter werdenden Schulnoten.

Sein Gemütszustand in den späteren Schuljahren lässt sich aus seiner frühen, autobiografisch grundierten Erzählung „The Age of Innocence" herauslesen: „Er war von dem Geschlecht, das, siebzehnjährig, im Gymnasium, losgerissene Blätter von ‚Hedda Gabler' und ‚Anna Karenina' zwischen den Seiten des Platon und Horaz liegen hatte, und dann in den neunziger Jahren des neunzehnten Jahrhunderts das Leben lebte, dessen äußere und innere Gebärden das Produkt blaguierender französischer Bücher und manierierter deutscher Schauspieler waren."[17]

Im Herbst 1890 betrat Hofmannsthal zum ersten Mal das Griensteidl. Er kam in Begleitung von Gustav Schwarzkopf, eines bereits arrivierten Schriftstellers und Theaterkritikers, den er in der Sommerfrische in Bad Fusch kennen gelernt hatte.[18] Dort verbrachten die Hofmannsthals den ersten Teil ihres Sommeraufenthalts im Salzburger Land.

Zu Beginn erschien der 16-Jährige häufig noch in elterlicher Begleitung, und auch später noch sollte sich vor allem Hofmannsthals Vater gern zur Runde gesellen, zu „Schnitzler, Topf [Schwarzkopf] und Saltikow [Salten]", wie es in einem Brief des Vaters vom 8. Juni 1895 heißt. Auch spielte Hugo sen. mit Gustav Schwarzkopf und seinen Brüdern, den „Schwarztöpfen bei Griensteidl", gern Tarock.[19]

Schnitzlers Bewunderung für den Neuankömmling war groß. Am 5. Februar 1891 notierte er, zwölf Jahre älter als Hofmannsthal, in sein Tagebuch: „Loris, siebzehn, dichterisches Talent", und einige Wochen später: „Bedeutendes Talent, ein 17j. Junge, Loris (v. Hofmannsthal). Wissen, Klarheit und, wie es scheint, auch echte Künstlerschaft, es ist unerhört in dem Alter."[20] „Loris" diente Hofmannsthal in Publikationen bis Dezember 1893 als wichtigstes Pseudonym. Für seine allerersten Veröffentlichungen, darunter das Gedicht „Was ist die Welt" im Unterhaltungsblatt *An der Schönen Blauen Donau*, hatte er noch „Loris Melikow" als Pseudonym gewählt.[21] Er spielte damit auf den Grafen Michail Loris-Melikow an, einen wichtigen Gegenspieler der radikalisierten

Gruppenbild im Prater: Schwarzkopf und Beer-Hofmann (stehend); Felix Salten und Schnitzler (sitzend), um 1895.

Nihilisten, die für die Ermordung des Zaren Alexander II. 1881 verantwortlich waren. „Ein ewiges Gedicht", „daraus der Geist der Gottheit strahlt und glüht", sei die Welt, so hält Hofmannsthal den sich dezidiert gegen Kunst und Poesie wendenden Nihilisten in seinem Gedicht entgegen. „Was ist die Welt", fragt sich der adoleszente Dichter und gibt zur Antwort: ein „Buch, das Du im Leben nicht ergründest."[22]

In der Redaktionsstube des Unterhaltungsblatts waren sich auch Schnitzler und Felix Salten begegnet. Schnitzler erinnert sich, wie er dort einen „sehr jungen schlanken Mann von etwas altwienerischer Barttracht" kennengelernt hatte, „zu seinen Füssen ein Jagdhund, Hex genannt".[23]

Felix Salten (eigentlich Sigmund Salzmann) stammte aus einem ungarischen Rabbinergeschlecht. Er wurde am 6. September 1869 als Sohn des jüdischen Ingenieurs Philipp Salzmann und Marie Singer in Pest geboren. Als Salten vier Jahre alt war, zog die Familie nach Wien. Das Gymnasium in der heutigen Wasagasse, das einige Jahre später auch Friedrich Torberg besuchte, brach er ab. Der baldige Jung Wiener sah sich infolge wirtschaftlicher Schwierigkeiten der Familie dazu gezwungen, schon früh einen Brotberuf auszuüben. Sein Vater sei ein „Träumer" gewesen, so Salten. Er habe der fixen Idee nachgejagt, mit dem Abbau von Kohlelagerstätten in Ostungarn das große Geld zu machen, sei allerdings an missglückten Spekulationsgeschäften gescheitert, sei stets „betrogen, gefoppt, zum Narren gehalten" worden.[24]

Felix Salten mit seinem Hund „Hex", um 1890.

In die Welt der Literaten und der Literatur hatte Salten über den ein Jahr jüngeren Felix Dörmann (eigentlich Biedermann) hineingefunden. Mitte der 80er-Jahre waren sich die beiden begegnet. Damals war Salten häufig in einem Haus in der vorstädtischen Kreuzgasse ein und aus gegangen, weil er für die „Haustochter" schwärmte, „ein blühender Halbwuchs", die „pünktlich und wie sichs gehört Mizzi geheißen" hatte. „Als ich mich einmal dem Hause näherte", so erinnert sich Salten, „stand sie am Fenster und neben ihr ein Jüngling mit großen Augen und spöttisch verzogenem Mund. Meine ganze Eifersucht erwachte, doch sie legte sich sehr bald wieder, denn dieser Jüngling, Felix Dörmann, ein Vetter von Mizzi, schien über derartige platonische Schwärmereien längst hinaus zu sein." Mizzi und die Kreuzgasse waren bald vergessen – fortan verbrachte Salten seine Nachmittage in Dörmanns Familienwohnung im Zwischengeschoß eines alten Palais.

Felix Dörmann, um 1890.

Dörmann machte bereits 1891 mit seinem Gedichtband „Neurotica" in der Literatenszene auf sich aufmerksam, für seinen Freund Salten war die lyrische Erstveröffentlichung sogar „einer der allerersten großen Erfolge des damaligen ‚Jungen Wien'".[25] Die Literaturkritik hatte ihn schnell entdeckt, Georg Brandes, Marie Herzfeld und viele weitere namhafte Kritiker beschäftigten sich mit den an die französische Dekadenzliteratur angelehnten Versen, die so leidenschaftlich waren, dass sie sehr bald schon von der Staatanwaltschaft eingezogen wurden. Seine Dichtkunst brachte ihm den Ruf ein, der Wiener Baudelaire zu sein, ein Image, das ihm keinesfalls ungelegen kam.

Was ich liebe

Ich liebe die hektischen, schlanken
Narzissen mit blutrotem Mund;
Ich liebe die Qualengedanken,
Die Herzen zerstochen und wund;

Ich liebe die Fahlen und Bleichen,
Die Frauen mit müdem Gesicht,
Aus welchen in flammenden Zeichen,
Verzehrende Sinnenglut spricht; [...]

Ich liebe, was niemand erlesen,
Was keinem zu lieben gelang:
Mein eigenes, urinnerstes Wesen
Und alles, was seltsam und krank.[26]

Persönlich war er eine der schillerndsten Figuren im kulturellen Leben der Jahrhundertwende, ein flamboyanter Allrounder. Die Fürstin Pauline Metternich hatte ihn 1892 zum artistischen Ausstellungssekretär für die „Internationale Ausstellung für Musik- und Theaterwesen" ernannt. Mit seinen „kulinarisch-erotischen" Dramen, etwa „Ledige Leut" von 1897, hatte er die versteckten Leidenschaften und die Lasterhaftigkeit einer die Tugend künstlich hochhaltenden Gesellschaft unter die Lupe genommen, etwas später versuchte er sich an der Gattung des Librettos, 1925 erschien „Jazz", einer der ganz wenigen österreichischen „Großstadtromane".

Später trat Dörmann auch als Filmproduzent in Erscheinung. 1912 gründete er gemeinsam mit dem Architekten Elias Tropp die „Vindobona-Film", in deren Produktionen Dörmann als Regisseur oder, wie etwa in „Die Zirkusgräfin", an der Seite der beliebten Schauspielerin Eugenie „Jenny" Bernay auch selbst als Schauspieler mitwirkte. Da der kommerzielle Erfolg ausblieb, versuchte sich Dörmann an Filmen, die dem Bedürfnis des Publikums nach erotischen Szenen nachkamen, und so zeigte er seine Hauptdarstellerinnen in weiteren Filmen gerne beim Umkleiden, im Badezimmer oder sogar beim Toilettenbesuch – für die Sittenpolizei freilich Anlass genug, die Filme zu zensieren.

Der frühe Erfolgstaumel des Tausendsassas wurde ihm von einigen der Jung Wiener Literaten nur wenig vergönnt. Salten erinnert sich, wie Dörmann, als er einmal zu später Stunde am Kaffeehaustisch erschienen war, von Schnitzler verlacht wurde: „Dörmann, wie sehen Sie doch literarhistorisch aus!“[27]

Hermann Bahr, der selbsternannte „Gründer“[28] von Jung Wien, war erst im April 1891 zur Gruppe gestoßen. Für seine 27 Jahre hatte er schon allerhand erlebt. Das, wofür er später berühmt und berüchtigt werden sollte, seine Wandlungen, prägten bereits seine Jugend- und frühen Erwachsenenjahre – es waren rasante, brüchige. 1863 wurde Bahr als Sohn eines Rechtsanwalts geboren. Nach seinen Schuljahren in Linz und in Salzburg nahm er in Wien das Studium der Deutschen Philologie, dann der Rechtswissenschaften auf, beides blieb unabgeschlossen. Zum Leidwesen seines Vaters, der für die Liberalen Abgeordneter im oberösterreichischen Landtag war, schloss sich der Sohn der „akademischen Burschenschaft Albia“ an, nachdem er Georg von Schönerer, den Anführer der Deutschnationalen kennengelernt hatte, der Alldeutschen Bewegung.[29] Eine Rede anlässlich des Trauerkommers für Richard Wagner auf der Universität Wien, in der er scharf mit dem multinationalen Vielvölkerstaat ins Gericht ging, führte zum Ausschluss aus der Universität. Die Ansprache, die ohne kritische Distanzierung den Antisemitismus Wagners zum Thema machte und den Komponisten zum „politischen Führer“ erhob, veranlasste die Polizei, den Kommers zu schließen. Auch soll sie Theodor Herzl dazu bewegt haben, aus der Burschenschaft Albia auszutreten. Bahr jedenfalls zog weiter nach Graz, dann nach Czernowitz, schließlich nach Berlin, wo

Hermann Bahr mit Zigarre, um 1895.

er sich für sozialistische Ideen, für Marx und Lassalle zu begeistern begann. Nach drei Jahren in Berlin wechselte Bahr 1888 nach Paris, wo sein Interesse für Politik bald schon dem für Literatur wich und er vermehrt Theater-Rezensionen und Essays über zeitgenössische Literatur verfasste. Zu Beginn noch ganz und gar der naturalistischen, engagierten Literatur Emil Zolas und der Gebrüder Edmond und Jules de Goncourt verschrieben, kam Bahr mit jenen anderen Literaten in Berührung, die ihn die nächsten Jahre entscheidend prägen sollten, den Schriftstellern der Décadence, Baudelaire und Bourget sowie der Dichtergruppe der Parnassiens, mit denen er sich sogar anfreundete.

Bahrs erster Roman, „Die gute Schule", der zu einem Großteil noch in Paris entstand, veranschaulicht die Frankophilie seines Schöpfers. Er handelt von einem österreichischen Maler, der im Bohème-Milieu des Quartier Latin lebt und seine Zeit mit Vorliebe im Cabaret verbringt, wo er sich in exklusiver, dandyhafter Aufmachung präsentiert. Von der jungen Fini, mit der sich eine leidenschaftliche Beziehung mit sado-masochistischen Zügen entwickelt, erhofft er sich Inspiration für sein künstlerisches Schaffen, sein Wunsch jedoch, eine neue Kunst zu begründen, ist zum Scheitern verurteilt. Dem Maler, einem klassischen Fin de Siècle-Dilettanten, will es nicht gelingen, sich aus seiner Schaffenskrise zu befreien, und so muss er sich schließlich mit seinem Schicksal abfinden, „Dutzendware, Maschinenfabrikat" herzustellen.[30] Bahrs „Die gute Schule" ist ein Künstlerroman mit dem Kolorit des Pariser Fin de Siècle, reichlich Erotik und tiefen Einblicken in die Psyche des Künstler-Protagonisten.

Über Wien ging es für Bahr zurück nach Berlin, wo er im Mai 1890 Mitarbeiter der Zeitschrift *Freie Bühne für modernes Leben* wurde. Es dauerte nicht lange, bis er sich mit dem Herausgeber Otto Brahm zerstritt und gemeinsam mit sieben anderen Schriftstellern, darunter Arno Holz und Otto Julius Bierbaum, aus der Redaktion austrat. Die Streitigkeiten hatten sich vor allem an der Position des leitenden Redakteurs der Zeitschrift, die Bahr zu übernehmen hoffte, entzündet. Nach einer anschließenden Reise nach St. Petersburg, auf der er die Schauspieltruppe von Emanuel Reicher, eines Mitbegründers des Theatervereins „Freie Bühne", begleitet hatte, kam er schließlich zurück nach Wien.[31]

Hermann Bahr mit seiner Pariser Freundin Nini, Atelier von A. Barrès in Paris, 1889. In einem früheren Entwurf seines Romans „Die gute Schule“ hieß die Geliebte des Wiener Malers nicht Fini, sondern Nini.

Bahr war also kein gänzlich Unbekannter, als er zum ersten Mal das Griensteidl betrat. Er hatte neben seinem Roman 1889 (vordatiert auf das Jahr 1890) seine erste Sammlung von Aufsätzen unter dem Titel „Zur Kritik der Moderne" veröffentlicht; 1891 erschienen sein Erzählband „Fin de Siecle" und der Dreiakter „Die Mutter". Mit der Darstellung zügelloser, auch gleichgeschlechtlicher Erotik, die von Rezensenten schnell als „krank" und „pervers" abgestempelt wurde, war Bahr damit zum „Kinderschreck der gesitteten Menschheit" avanciert.[32]

Seine Ankunft in Wien gestaltete er literarisch aus. In seinem Aufsatz „Loris" schildert er detailliert und von erotischen Untertönen nicht frei seine erste Begegnung mit dem etwa zehn Jahre Jüngeren. Zurückgekehrt nach Wien habe er eine Rezension seines Stücks „Die Mutter" in der *Modernen Rundschau* vorgefunden. Sogleich habe er sich zum Kaffeehaus aufgemacht, wo er den Verfasser zu finden hoffte, der so bewandert in französischer Literatur schien. „Nächsten Tag wieder im Café. Ich sitze, lese, plausche. Plötzlich schießt, aus der andern Ecke quer durchs Zimmer, wie von einer Schleuder, ein junger Mann mit unheimlicher Energie auf mich, mir mitten ins Gesicht sozusagen. Ich erschrecke ein wenig; er lacht, gibt mir die Hand, eine weiche, streichelnde, unwillkürlich caressante Hand der großen Amoureusen, wie die leise, zähe Schmeichelei verblaßter Seide, und sagt beruhigend: Ich bin nämlich Loris. Damals muß ich wohl das dümmste Gesicht meines Lebens gemacht haben."[33]

Im Café S. Griensteidl

Man traf sich also im Café Griensteidl, dem Kaffeehaus in der Parterrelokalität des Palais Herberstein, direkt neben dem alten Hofburgtheater. Heinrich Griensteidl, der eigentlich Apotheker war und bereits drei Jahre lang im Stubenviertel, am östlichen Rand der Innenstadt, eine Kaffeeschenke betrieben hatte, war nur wenige Monate vor den Aufständen des Jahres 1848 dorthin übersiedelt.

Das frühbarocke Palais in der Schauflergasse, in das er sich einmietete, war Ende des 17. Jahrhunderts von Graf Gundacker von Dietrichstein (1623–1690) in Auftrag gegeben worden. Mehr als ein Jahrhundert später, zur Zeit des Wiener Kongresses, wurde das Gebäude mit dem in der Herrengasse angrenzenden zusammengelegt, die schlichte frühbarocke Fassade blieb jedoch erhalten. Mitte des 19. Jahrhunderts ging es schließlich in den Besitz der Gräfin Theresia von Herberstein über.[34]

Nach dem Tod Heinrich Griensteidls hatte zwischenzeitlich sein Bruder Felix das Kaffeehaus geführt, bevor es von der Witwe Heinrich Griensteidls, Susanna (geb. Wolter), fast zwanzig Jahre lang bis zu seiner Schließung als „Cafe S. Griensteidl" betrieben wurde.

Die *Wiener Theaterzeitung* hatte das „Caffeehaus des Herrn Griensteidl" bei der Eröffnung im Dezember 1847 als ein Etablissement gerühmt, das jedermann als „zweite Wohnstätte" diene: „Die innere Einrichtung desselben ist nicht nur elegant und comfortabel, so daß der feinste Cavalier sich da heimisch fühlen muß, sondern es ist auch da so gemüthlich und heimisch, daß der gewöhnlichste, erzprosaische Mensch sich ungeniert darin bewegen kann."[35]

Von Beginn an zog das Kaffeehaus neben der Hofburg jedoch eine ganz spezifische Klientel an. Im Jahr 1848 hatte „es eine interessante Rolle als Rendezvousplatz für alle im Freiheitskampfe hervorragenden Männer" gespielt, wie es in der *Neuen Freien Presse* in einem Rückblick nach der Schließung heißt. Manche „begeisterte Rede wurde in seinen Räumen gehalten, manche That vorbereitet";[36] das inoffizielle Hauptquartier der Revolutionäre war bald in aller Munde.

Die regimekritischen Regungen waren freilich zur geringen Freude des Kaiserhauses, das die Gäste des Café National, so der baldige Beiname, sorgfältig bespitzeln ließ. Zur Legende geworden ist dabei der Zahlkellner Schorsch, der undercover im Dienste der Polizei genau da-

Das Lesezimmer im Café Griensteidl, vor 1897.

rauf achtete, wer von den Gästen zur *Times* griff. Er flog auf und als Markör aus dem Griensteidl hinaus.

Etwa zwanzig Jahre später, zur Zeit des Bürgerministeriums, wurde das Café zu einem Hauptquartier von Arbeiterführern, und dieses blieb es noch für längere Zeit. So war etwa Viktor Adler in der Zeit der Gründung der Sozialdemokratischen Arbeiterpartei im Jahr 1889 häufig hier zu Gast. Doch auch Politiker anderer Parteien unterhielten im Griensteidl gegen Ende des Jahrhunderts ihre Stammtische wie der spätere christlichsoziale Bürgermeister Karl Lueger oder der Anführer der Deutschnationalen, Georg Ritter von Schönerer.

Dass das Café Griensteidl so schnell zum populären Künstlertreff wurde, hatte auch damit zu tun, dass ein anderes seine Pforten schloss. Das legendäre, zwischen der Hofburg und St. Stephan gelegene Literatencafé Neuner, dem die Exklusivität seiner Einrichtung bald den Namen „Silbernes Kaffeehaus“ einbrachte, hatte zuvor jahrelang Literatengrößen wie Nikolaus Lenau, Franz Grillparzer, Ferdinand Raimund und Adalbert Stifter beheimatet.[37] Auch die unmittelbare Nachbarschaft zum k.k. Hofburgtheater trug dazu bei, dass im Griensteidl bald die „berühmtesten Schauspieler des Burgtheaters“ ein und aus gingen, und „neben Schriftstellern von Namen und Bedeutung auch manche junge unverstandene Literaten“, die es für die spöttelnde Wiener Bevölkerung zum „Café Größenwahn“ werden ließen.[38]

Wie kann man sich das Innere des Lokals vorstellen? „Es hatte noch den entzückenden Charakter des Altwiener Cafés, es war ganz ohne Pomp, ohne Marmor, ohne Plüsch; sein einziger Schmuck bestand in

Billardzimmer im Café Griensteidl, vor 1897.

großen, goldgerahmten Spiegeln“, so erinnert sich der Journalist und Schriftsteller Stefan Großmann.

Das Café Griensteidl bestand aus sechs größeren und kleineren Räumen mit gewölbten Decken und Tapeten, die schon bald von Zigarren- und Zigarettenrauch vergilbt waren. Dann waren da noch ein Tarock- und ein Billardraum und ein Lesezimmer. Entlang der Schauflergasse musste ein schmaler Durchgangsraum durchquert werden, bevor man in die „allerheiligsten Hinterräume“ gelangte,[39] die jedoch für die Jungautoren versperrt blieben. Die jungen Talente platzierten sich „links vom Eingange“ des großen Hauptraumes, wie aus den Erinnerungen des Bankiers und Schriftstellers Richard Kola hervorgeht. Karl Kraus verortet die Gruppe „gleich links, 3. Tisch in der Ecke“.[40]

„Elite der schriftstellerischen Jungmannschaft Oesterreichs“

Der Tisch des Jungen Wien im Griensteidl hatte viele Plätze, doch wer sich wann und wie lange der geselligen Runde zugehörig fühlen durfte, ist heute kaum mehr nachzuvollziehen – auch wenn sich in den Tagebüchern Schnitzlers und Bahrs immer wieder Namenslisten finden. „Im Kfh. 12 Leute“,[41] notierte Schnitzler etwa am 3. Dezember 1892. Anders als im literarischen Salon der höheren Gesellschaft hatte hier der Zufall die Gäste zusammengeführt. Das Ungeplante und Unvorhersehbare, das Unabgesprochene trug zur spezifischen Atmosphäre des Kaffeehauses entscheidend bei. Zur „Elite der schriftstellerischen Jungmannschaft Oesterreichs“ würden nicht weniger als „42 Schriftsteller“ gehören,[42] so der aus Brünn stammende Schriftsteller und Herausgeber Eduard Michael Kafka in einem Brief an Ferdinand von Saar im August 1891, in dem er ihm ein Jahrbuch für moderne Literatur ankündigte, die *Moderne Rundschau*. So hieß die Zeitschrift, nachdem der Redaktionssitz der *Modernen Dichtung* nach knapp einem Jahr von Brünn nach Wien verlegt worden war, wo sie nun sogar halbmonatlich erscheinen sollte. Die *Moderne Rundschau/Moderne Dichtung* war in den zwei Jahren ihres Erscheinens das wichtigste Medium für moderne Literatur in Wien. Schnitzler publizierte hier zwei Szenen aus dem Anatol-Zyklus, „Frage an das Schicksal" und „Anatols Hochzeitsmorgen", Salten und Dörmann einige Gedichte. Unter dem Pseudonym Theophil Morren veröffentlichte Hofmannsthal hier seinen ersten Einakter „Gestern", als „Loris" Gedichte und einen Nachruf auf Théodore Banville sowie Essays zur zeitgenössischen Literatur.[43]

Neben Schnitzler, Hofmannsthal, Beer-Hofmann, Salten und Bahr, den Autoren, die bald schon die Kerngruppe bilden sollten, sowie Richard Specht, Paul Goldmann, Gustav Schwarzkopf und Felix Dörmann gehörten auch die Herausgeber und die Mitarbeiter der Zeitschrift zur größeren Tischrunde im Griensteidl: der bereits genannte Eduard Michael Kafka, der Rechtsanwalt und Publizist Jacques Joachim, der Theaterkritiker Julius Kulka, der Dichter und Publizist Heinrich Baron Schmiesing von Korff und Friedrich Michael Fels. Dieser sollte als Obmann des Vereins „Wiener Freie Bühne, Verein für moderne Literatur" zumindest kurzzeitig eine wichtige Rolle in der Wiener Literatenszene spielen.[44]

Auch der Maler Ferry Bératon, der Schriftsteller Leo Ebermann, Carl Karlweis, der seit den 1860er-Jahren in höherer Position bei der Eisenbahn tätig war und sich als Autor volkstümlicher Novellen und Theaterstücke einen Namen machte sowie das Brüderpaar Leo Feld und Victor Léon (beide eigentlich Hirschfeld) fanden sich immer wieder ein. Mit seinen Libretti zu Operetten wie „Wiener Blut" und „Die lustige Witwe" trug Léon nicht unwesentlich zu den Publikumserfolgen Franz Lehárs bei.[45]

Das Kaffeehaus also war der Ort des kreativen und intellektuellen Austauschs der Wiener Bohème. Hier blieben die Kreise nicht unter sich, sondern berührten sich mit anderen Tischgesellschaften aus anderen Sphären. So manche Literaten, Musiker, Architekten, Psychoanalytiker, Satiriker und Zionisten begegneten einander in unterschiedlichen Zusammensetzungen. Das freilich prägte das kreative Klima der Jahrhundertwende ganz beträchtlich und führte zu einem „rapiden Umsatz schöpferischer Ideen“.[46]

Keineswegs aber sammelten sich nur Gleichgesinnte im Griensteidl. Von Anfang an tummelten sich hier auch Kulturschaffende, die äußerst misstrauische und manchmal sogar spöttische Blicke auf die neuen Gäste richteten. Mit Argusaugen wurden die Regungen der Jung Wiener vom Nebentisch aus beobachtetet, wo sich die Schriftsteller des Iduna-Kreises versammelten, eines konservativen, noch dem Realismus verhafteten Literatenzirkels, der ästhetisch für das stand, was Jung Wien hinter sich lassen wollte.[47] Richard Specht erinnert sich an die „beiden getrennten Lager“: an einem Tisch das Junge Wien, „am Nebentisch aber die wirklichen deutschen Dichter, die damals schon verstorben waren, ohne daß sie's wußten: Fritz Lemmermayer, Franz Christel, Hermann Hango, Joseph Kitir, lauter Hoffnungen der Wiener Lyrik, wo sie am arischesten war – wer weiß heute von ihnen? Und doch ist es eine lustige Tatsache, daß diese Dichter sich weigerten, bei einer gemeinsamen Anthologie mitzutun, mit der ausdrücklichen Motivierung, daß es ihnen widerstrebe, in einem Bande vertreten zu sein, in dem auch Dilettanten wie Arthur Schnitzler und Hugo von Hofmannsthal mit Beiträgen erscheinen würden.“[48]

Ab Herbst 1891 tauchte außerdem Karl Kraus, im selben Alter wie Hofmannsthal und ebenfalls noch Gymnasiast, im Griensteidl auf. Kraus publizierte in diesen frühen Jahren Aufsätze und Rezensionen vor allem in der Zeitschrift *Die Gesellschaft*, die 1885 vom Münchner Naturalisten Michael Georg Conrad gegründet worden war und das geistige Klima der naturalistisch ausgerichteten Münchner Moderne entscheidend prägte. In der Zeitschrift findet sich auch eine lobende Besprechung von Hofmannsthals lyrischem Drama „Gestern“: „[F]ast jeder Vers ein Gedanke von unergründlicher Tiefe, von unsagbarer Schönheit“, heißt es hier, „Vers und Reim von Meisterhand behandelt, keine

Karl Kraus auf einem Kutschbock. Bergen, Norwegen, 1901.

Zeile, die gemacht klingen würde, kein Reim der den Dichter Schweiß gekostet haben mag. Die Sprache, so schön, so edel, so natürlich-ungezwungen, wie auf das Kolorit der Scenerie gestimmt, so klassisch-ruhig."[49] Kraus sei in den ersten Jahren „immer gern bereit" gewesen, so erinnert sich Specht, „über unsere ersten Bücher gute Besprechungen zu schreiben."[50] Vor allem mit Schnitzler und Salten, mit dem er vorübergehend sogar eine Wohnung geteilt hatte, stand Kraus in den frühen 90er-Jahren zunächst noch in gutem Verhältnis. Bald jedoch sollte er sich mit dem Kreis, um dessen Anschluss er sich zu Beginn noch bemüht hatte, äußerst kritisch auseinandersetzen.

Karl Kraus war es auch, dem Peter Altenberg seine literarische Entdeckung zu verdanken hatte. Dieser nämlich sandte, wie Altenberg in seinen Erinnerungen „Vita Ipsa“ festhält, „hinter meinem Rücken die in Nachtkästchen, Tischlade, Kleiderkiste etc. etc. verstreut liegenden Manuskripte meines ersten Buches ‚Wie ich es sehe‘ an den ersten Verleger Deutschlands in modernibus, S. Fischer“, wo die Sammlung als erste Buchpublikation Altenbergs 1896 veröffentlicht wurde.[51] Drei Jahre zuvor waren erste literarische Arbeiten Altenbergs, damals noch unter seinem ursprünglichen Namen Richard Engländer, im Kreis des Jungen Wien herumgereicht worden. Wie Altenberg in einem Brief an Schnitzler im Juli 1894 versichert,[52] sei die Literatengruppe ihm, „dem Invaliden des Lebens“, äußerst „liebenswürdig“ und „wohlwollend“ entgegengekommen.

Peter Altenberg und Karl Kraus am Lido in Venedig, 1913.

Auch wenn Altenberg bald ebenfalls am Tisch der Jung Wiener im Griensteidl anzutreffen war, das gute Verhältnis zum Kreis war nicht von Dauer: Altenberg „hatte in der Jugend [unter dem Titel] ‚Junge Leute‘ einen etwas perfiden Angriff gegen uns versucht“, notierte Schnitzler Mitte Oktober 1897 über den längst zu Kraus Übergelaufenen in seinem Tagebuch.[53]

Bald schon sollte Altenberg wie auch Kraus ins benachbarte Café Central wechseln, das 1876 von den Gebrüdern Gustav & Hermann Pach eröffnet worden war und in der Säulenhalle des ehemaligen Bank- und Börsengebäudes der k.k. Nationalbank in der Herrengasse lag. Mit dem Bau war der damals erst 27 Jahre alte Heinrich Ferstel beauftragt worden, der, gerade von einer Italienreise zurückgekehrt, einen Prachtbau im Stil der toskanischen Neorenaissance entwarf. Als Bank und Börse hatte das Gebäude schnell ausgedient, schon bald zog man in einen von Theophil Hansen entworfenen Neubau am Schottenring. Im Café Central fanden sich später auch weitere Größen der Moderne ein: Sigmund Freud und Alfred Adler, der Architekt Adolf Loos, Kritiker und Literaten wie Anton Kuh und Alfred Polgar, auch Stefan Zweig, Robert Musil und Franz Kafka aus Prag, wenn er in Wien weilte.

Altenberg jedenfalls, der sich hierher sogar seine Post schicken ließ, eilte stadtweit der Ruf des kauzigen Schnorrers voraus, gegen den er keineswegs anzukämpfen versuchte:

> Du hast *Sorgen*, sei es diese, sei es jene - - - ins *Kaffeehaus*!
> Sie kann, aus irgend einem, wenn auch noch so plausiblen Grunde, nicht zu dir kommen - - - ins *Kaffeehaus*!
> Du hast zerrissene Stiefel - - - *Kaffeehaus*!
> Du hast 400 Kronen Gehalt und gibst 500 aus - - - *Kaffeehaus*!
> Du bist Beamter und wärest gerne Arzt geworden - - - *Kaffeehaus*!
> Du findest keine, die dir paßt - - - *Kaffeehaus*!
> Du stehst *innerlich* vor dem Selbstmord - - - *Kaffeehaus*!
> Du haßt und verachtest die Menschen und kannst sie *dennoch* nicht missen - - - *Kaffeehaus*!
> Man kreditiert dir nirgends mehr - - - *Kaffeehaus*![54]

„Wir sprachen über alles“

Es nimmt nicht Wunder, dass sich das Café auch im literarischen Schreiben Altenbergs stilistisch und inhaltlich niedergeschlagen hat. Er hielt im Telegrammstil „Extrakte des Lebens“ fest, flüchtige Eindrücke und Reflexionen, die er dem geschäftigen Treiben im Kaffeehaus

Peter Altenberg im Café Central, 1907.

verdankte. Die Titel der Sammlungen, in denen seine impressionistischen Prosaskizzen, seine Gedichte, Episoden und theatralischen Szenen erschienen, „Wie ich es sehe“ (1896) und „Was der Tag mir zuträgt“ (1901), sprechen für sich.

Das Kaffeehaus jedenfalls diente wie kaum ein zweiter Ort um 1900 als Raum der Inspiration und Umschlagplatz von Ideen. Das lässt auch Schnitzlers Kurzprotokoll der Tischgespräche vom 23. März 1891 erahnen: „Jung wien. – Vorgelesen wurde: Madonna Lucia (Gedicht) Dörmann. 3 Gedichte von Loris. Bemerkungen von Schik (zuerst) von mir gelesen. Gedicht von mir ... Die Geschwisterliebe, Brief von Joachim.“ Daraus entwickelten sich „Gespräche über Geschwisterliebe und Sentimentalität. Sentimentalität ist ein Aufstoßen von Gefühl (Joachim) – ist Trauer in Duodez (Goldmann) – ist das Verweilen eines langweiligen Menschen auf einem Gefühl (Schik) – ist das Gefühl des einen, vom andern gesehen (Ich) – verhält sich zum Gefühl wie ein Tremolo zu gehaltenem Ton (Ich). Eine Lüge, die man glaubt, ist auch eine Wahrheit (Goldmann). Man ist nie so jung, daß man nicht Erinnerungen hätte (Loris). – Sentimental ist ein Gefühl, das an Breite gewinnt, was es an Tiefe verliert (Ich).“[55]

„Wir sprachen über alles“, erinnert sich Felix Salten. „Über Gott, über die Welt, über die Beziehung zwischen den Geschlechtern, über die Stellung der Eltern zu den Kindern, des Ehemannes zur Ehefrau, über Sport, über Körperübung, über Tanz, über Malerei, über Musik, über die Gesellschaftsordnung, über deren zu erwartenden Umsturz“. Mitgerissen von den „scharfen Formulierungen“ und „blendenden Sätzen“, die im Raum kursierten, sei Hofmannsthal einmal aufgesprungen und habe erklärt, „es sei schade, daß diese Gespräche vergessen werden. Man müsse nach dem Beispiel der Goncourts eigentlich Protokoll führen.“[56] Ein- oder zweimal sei dies dann geschehen, so Salten, wo aber die Protokolle geblieben sind, wisse kein Mensch.

Nicht immer ging es hier um die hohe Kunst, zum Missfallen so manches anderen der Tischrunde. So hätten sich Gustav Schwarzkopf und der sozialliberale Kulturpublizist Edmund Wengraf beschwert, wie Schnitzler in seinem Tagebuch Mitte April festhält, „unser Kreis beschäftige sich zu sehr mit den Frauen." Schnitzler gibt sogleich eine Kostprobe: „Heute im Kfh. – Die Frau liebt am Mann das herausgekehrte, wir lieben das eingestülpte, genau dem sexuellen entsprechend. Der Künstler hat schon etwas hermaphroditisches."[57]

Von den Alteingesessenen war es als Affront empfunden worden, dass die Jungschriftsteller die Profanitäten des Alltags in die heiligen Hallen des Kaffeehauses mithineinnahmen. Das schien nicht den Konventionen der Literatenzunft zu entsprechen. „Hier ist es ‚bekannt geworden', daß wir miteinander nicht über Literatur reden; man findet das höchst anmaßend ‚so groß sind sie nicht, daß sie nicht mehr über Literatur reden müßten'", so Schnitzler an Beer-Hofmann. Er schließt den Brief mit überlegener Geste: „Laßt uns lächeln …"[58]

Und doch ging es hier viel um die hohe Literatur und um das eigene Schreiben. In den allerersten Jahren des Kreises war es oft der Kaffeehaustisch, an dem die Autoren ihre literarischen Texte erstmals vortrugen. Hier wurden ihre Werke mit schonungsloser Offenheit besprochen, hier waren Probeleser und -hörer, spitzzüngige und bestärkende Kritiker schnell zur Hand.

So gab Hofmannsthal hier auch seinen ersten lyrischen Einakter „Gestern" zur Kritik frei. Tief bewegt hatte Schnitzler nach der Lesung Hofmannsthals in seiner Junggesellenwohnung noch in sein Tagebuch notierte: „Von großer Schönheit; etwas, das noch selten von einem jungen und auch selbst selten von ältern geschrieben wird. Man bekam eine neue Zärtlichkeit für seine eigne Neurose." Im Kaffeehaus wurde das Stück über den jungen Genussmenschen Andrea, der sich nur für den ästhetisch aufgeladenen Moment interessiert und nicht an Verpflichtung und Bindung, nicht an Vergangenheit und Gegenwart glaubt, durchaus kontrovers diskutiert. Die meisten der anwesenden Jung Wiener sprachen dem gerade 17-Jährigen ihre „Bewunderung" aus, Heinrich von Korff griff ihn jedoch „läppisch" an, wie Schnitzler kommentiert.[59] Das ausgeprägte Selbstbewusstsein des Gymnasiasten schien dadurch keineswegs angeschlagen, wie sich Friedrich Eckstein überzeugen konnte. Eckstein war maßgeblich an der Popularisierung asiatischer Esoterik, von Okkultismus und Theosophie im Wien der Jahrhundertwende beteiligt. Er soll auch Sigmund Freud mit Yoga vertraut gemacht haben. Nach Hermann Bahr und Schnitzler lebte er von seinem Ruf als „letzter Polyhistor“ und „schwindelhafter Vielwisser“, für Hofmannsthal war er ein kauziger Sonderling, der „seinen Stolz darein“ setze, „alles zu verstehn“.[60] Hofmannsthal jedenfalls habe ihm gegenüber mit „seiner hohen, etwas spitzen Stimme [...] von oben herab“ mit Blick auf den Einakter „Gestern“ bemerkt: „Bahr sagt mir, meine kleine Arbeit hätte Ihren Beifall gefunden; aber manches darin sei Ihnen recht altklug erschienen. Nun, ich bin sicher, Sie werden Ihr Urteil in diesem Punkt mit der Zeit korrigieren.“[61]

Noch bevor Hofmannsthal seinen Erstling überhaupt beendet hatte, kam Hermann Bahr mit einem bemerkenswerten Vorschlag: „‚Gestern‘ habe ich noch einmal gelesen – aber wann kommt denn endlich einmal der Schluß. Es ist doch ganz reizend – und wissen Sie, was seltsam ist? Wenn man's laut liest, wird's auf einmal noch viel schöner. Ich möchte es ungeheuer gern sehen. Könnten wirs nicht irgendwo spielen – im Griensteidl sind so viele Zimmer, brauchts nur einen geschickten Tapezierer, die Regie führe ich.“[62]

Bühne und Rückzugsraum – im Kaffeehaus fallen Öffentlichkeit und Privatheit, Gesellschaft und Einsamkeit zusammen. Das mache es zu einem Ort „nomadenhafter Häuslichkeit“, so Karl Kraus in seiner Satire „Literatur oder Man wird doch da sehn“ von 1921. Wer im Griensteidl Ruhe suchte, zog sich in den Leseraum zurück, der eine Überfülle an Zeitungen und Zeitschriften bot. Das lag auch daran, dass noch bis 1903 der Verkauf von Zeitungen an eine kostspielige Lizenz gebunden war, die zu erwerben nur wenigen Betreibern damals möglich war. Zudem war der Zeitungsvertrieb durch Kolporteure bis 1922 verboten.[63]

Das Kaffeehaus wurde damit zum Fensterplatz zur Welt. Stefan Zweig erinnerte sich, dass in einem besseren Wiener Kaffeehaus alle Wiener Zeitungen auflagen, „und nicht nur die Wiener, sondern die des ganzen Deutschen Reiches und die französischen und englischen und italienischen und amerikanischen, dazu sämtliche wichtigen literarischen und künstlerischen Revuen der Welt, der *Mercure de France* nicht minder als die *Neue Rundschau*, der *Studio* und das *Burlington Magazine*."[64] Alles habe man hier aus erster Hand erfahren, die neuesten Bucherscheinungen, die neuesten Theateraufführungen; das Kaffeehaus wurde zur Informationsbörse. Auch die Jung Wiener Autoren wussten dies zu schätzen. Hofmannsthal etwa ließ seine Eltern während einer kurzen Unterbrechung seiner militärischen Ausbildung Ende Juni 1895 wissen, er sei nach seiner Ankunft in Wien „sogleich ins Griensteidl gegangen" und habe „dort Café, Butter und Himbeerwasser mit der *Frankfurter Zeitung* und *Vie parisienne* combiniert genossen."[65]

Café Griensteidl 1896, Gemälde von Reinhold Völkel.

Die „Kultur“ des Kaffeehauses war jedoch keineswegs unumstritten; immer wieder wurde sie Zielscheibe der Kritik. Vielleicht am heftigsten ging der sozialliberale Kulturpublizist Edmund Wengraf in seiner Glosse „Kaffeehaus und Literatur“ in der *Wiener Literatur-Zeitung* im Mai 1891 mit dem Phänomen ins Gericht, er sah in der Stätte sogar den „geistigen Ruin der Wiener Gesellschaft“. „Ernst und Gründlichkeit“ würden nicht in der Atmosphäre des Kaffeehauses gedeihen. „Diese rauchgeschwängerte, durch Gasflammen verdorbene, durch das Beisammensein vieler Menschen verpestete Luft, dieses Durcheinanderschwirren von Kommenden und Gehenden, gesprächigen Gästen und geschäftigen Kellnern, dieses Geschwirr schattenhafter Erscheinungen und unbestimmbarer Geräusche macht jedes ruhige Nachdenken, jede gesammelte Betrachtung unmöglich. Die Nerven werden überreizt, Gedächtnißkraft, Aufmerksamkeit und Fassungsvermögen werden geschwächt“. Wengraf hatte es vor allem auf den Zeitungsleser abgesehen, der jeden Artikel, jedes Feuilleton, das mehr als hundert Zeilen lang ist, als „ungenießbar“ empfinde. „Er hört überhaupt auf zu lesen, er ‚blättert‘ nur mehr“.[66]

Wengraf hatte mit seinen zeitkritischen Beobachtungen freilich nicht ganz unrecht. Man hätte ihm allerdings mit Fug und Recht entgegenhalten können, dass den einen oder anderen gerade hier im Kaffeehaus, beim „Durchfliegen“ irgendwelcher Kunstblätter, so ganz und gar zufällig neue Inspiration ereilt hatte, wie Hofmannsthal in seiner Besprechung der Internationalen Kunstausstellung 1894 feststellte.[67]

Für so manchen der Jung Wiener Autoren erwies sich das Kaffeehaus als Ort der Kreativität. Wenn es darauf ankam, konnte das Café auch schnell zum Arbeitsraum werden. So schrieb Schnitzler im Kaffeehaus Ende Juli 1892 dann auch die letzten Zeilen seiner Novelle „Sterben“: „Ich habe sie plötzlich zu Ende schreiben müssen, nachts im Café, während schläfrige Kellner bereits die Sessel aufeinander türmten.“[68]

2

„Freunde? Freunde sind wir ja eigentlich nicht ...“

„Ich möchte gern einmal ins Caffeehaus kommen, aber dort geht der Symbolist um. Erfreulicherweise will er fortgehen, sobald es kalt wird. Das geniert ihn nämlich, behauptet er.“[69] So entschuldigte Hofmannsthal sein Fernbleiben gegenüber Gustav Schwarzkopf im Januar 1892. Die Rede ist hier von Stefan George, der mit Unterbrechungen seit einem Dreivierteljahr in Wien wohnte. Er hatte Quartier in der Garnisongasse bezogen, später wenige Straßen weiter in der Wasagasse, in der Nähe der Universität, wo er sich auch inskribierte. Es war dem Dichter nicht wirklich geglückt, in der Stadt gesellschaftlich Anschluss zu finden, und so verbrachte er seine ersten Monate in Einsamkeit und wachsender Frustration. Die Literatengruppe lernte er schließlich im Dezember 1891 im Griensteidl kennen, wohin er auf Empfehlung von Marie Herzfeld, einer hochangesehenen Literaturkritikerin und Übersetzerin zeitgenössischer skandinavischer Literatur gekommen war. Die damals 36-Jährige war über längere Zeit wohl Georges einzige Wienbekanntschaft. Aufgesucht hatte er sie in der Hoffnung, sie würde seine Gedichte besprechen, doch dazu kam es nicht, da Herzfeld keinen rechten Zugang zu seiner Lyrik gefunden

Marie Herzfeld, um 1895.

hatte – „was er sagt, ist besser, als was er schreibt". Gleichwohl hatte sie den vielgereisten und doch weltfremden Rheinländer dann einige Male bereitwillig getroffen. Sie war es wohl auch, die George ans Herz gelegt hatte, das Versdrama „Gestern" zu lesen, das kurz zuvor in der *Modernen Rundschau* erschienen war. Den Erstling Hofmannsthals, dessen neuer lyrischer Ton den symbolistischen Dichter zweifellos ansprechen musste, kannte dieser jedenfalls, als er zum ersten Mal das Kaffeehaus betrat.[70]

Stefan George, um 1900.

So sehr Hofmannsthal von dem neuen Gast fasziniert war, von dessen merkwürdigem Aussehen, den Erlebnissen im Dichterkreis um Mallarmé, von denen er zu Beginn gerne erzählte, so sehr er auch dessen Vision einer alltagsfremden dichterischen Sprache teilte – Hofmannsthal war doch von Beginn an eingeschüchtert von der einnehmenden Präsenz des Rheinländers und seinem heftigen Werben. Nach einem Treffen am Weihnachtsabend (um 17 Uhr) in Georges Unterkunft schreibt Hofmannsthal das Gedicht „Der Prophet". Darin heißt es:

> Von seinen Worten, den unscheinbar leisen
> Geht eine Herrschaft aus und ein Verführen
> Er macht die leere Luft beengend kreisen
> Und er kann tödten, ohne zu berühren.[71]

Nimmt man den jugendlichen Dichter hier beim Wort, dann scheint es nicht weiter verwunderlich, dass er sich weiteren Treffen mit George entzog. Hofmannsthal ging ihm die nächsten Tage aus dem Weg, täuschte sogar eine Abreise aus Wien vor. George, der über die Feiertage extra in Wien geblieben war, suchte ihn mehrfach in der elterlichen Wohnung in der Salesianergasse auf, später passte er ihn vor der Schule ab. Er soll „durch einen Dienstmann mit roter Kappe dem jungen Octavaner ein großes Rosenbouquet ins Schulzimmer" geschickt haben, „zur lebhaften Belustigung seiner Mitschüler", berichtet Leopold Andrian, ab Herbst 1893 ein enger Freund Hofmannsthals. So groß Hofmannsthals Bewunderung für den Dichter gewesen sei, so Andrian, so sehr habe er „Antipathie gegen den Menschen u. Homosexuellen" gehegt.[72]

Der Symbolist nahm Hofmannsthals Versteckspiel und seine Ausweichversuche jedenfalls immer weniger sportlich, zur geplanten Aussprache im Griensteidl am 10. Januar nahm der jugendliche Dichter zu Georges Ärger Felix Salten als Aufpasser mit. George ließ nicht locker.

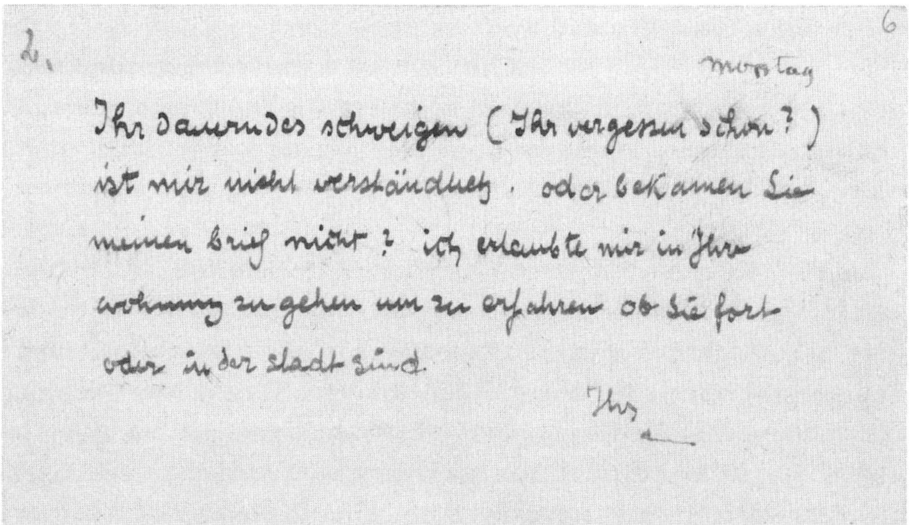
2. 6
montag
Ihr dauerndes schweigen (Ihr vergessen schon?) ist mir nicht verständlich. oder bekamen Sie meinen brief nicht? ich erlaubte mir in Ihre wohnung zu gehen um zu erfahren ob Sie fort oder in der stadt sind.
Ihr

Besuchskarte von Stefan George vom 4. Januar 1892.

Nachdem er drei Tage später zum wiederholten Male vor der elterlichen Wohnung in der Salesianergasse abgewiesen worden war, ließ er dem Sohn des Hauses einen Brief zukommen, der es in sich hatte: „Wie konnten Sie nur so unvorsichtig sein, selbst jeden verbrecher hört man nach den schreiendsten indizien. Sie sehen ich rede ganz gesezt und wenn Sie nach einigen tagen gelassen denken oder nach jahren so werden Sie mir (mit Ihren werten eltern deren einziges kind Sie sind!) sehr verbunden sein dass ich soviel ruhe bewahrte und nicht sofort das veranlasse was mit Ihrem oder meinem tod endet."[73] Eine unverblümte Duellandrohung, was schließlich Hofmannsthals Vater auf den Plan rief. Bald darauf verschwand George aus der Stadt.[74]

Es war jedoch kein Bruch von Dauer. Hofmannsthal zählte zu den fleißigsten Beiträgern der *Blätter für die Kunst*, der hoch exklusiven Literaturzeitschrift, die George noch im gleichen Jahr gründen sollte. Hier erschien neben zahlreichen Gedichten Hofmannsthals (28!) auch sein zweites lyrisches Drama „Der Tod des Tizian", das zahlreiche Anspielungen auf den Herausgeber aufweist, sowie die Dramen „Elektra" und „Das gerettete Venedig". Auch Andrian, der ebenfalls schon bald in der Gunst Georges stand, veröffentlichte hier einige literarische Arbeiten. Wiederum zum Missfallen Georges hatte Hofmannsthal allerdings nebenbei auch in Blättern publiziert, die publikumswirksamer und somit finanziell lukrativer waren; der Wiener war jedenfalls nicht bereit, bei Georges elitärem Kunstprogramm bedingungslos mitzumachen.

Aus dem Kreis der Mitarbeiter der *Blätter* entwickelte sich ein streng geschlossener Männerbund, der sich in München, später in Heidelberg zu kultischen Treffen zusammenfand. In deren Mittelpunkt stand George, von seinen Anhängern, den Jüngern, als „Meister" verehrt. Die unübersichtliche Gruppe der Jung Wiener, die sich informell im Kaffeehaus zusammenfand, musste George von Anfang an missfallen. Er nannte den Kreis abschätzig einen „bund beliebiger schreibmenschen",[75] das Griensteidl war für ihn ein „unglückl[iches] cafe".[76]

So wenig Lust Hofmannsthal hatte, mit seinem „schrifthum" eine „sehr heilsame diktatur" auszuüben,[77] für die George ihn gewinnen wollte – er teilte doch bald dessen Vorbehalte gegen die Tischrunde im Kaffeehaus. Mitte September 1891 fasst der engere Kreis der Jung Wiener den „Beschluss", ihr „Leben zu systematisieren". Der Hintergrund: „Ekel vor dem Caféhaus", dem „intimen Theater".[78] War das Kaffeehaus zu Beginn noch der Ort, der den Jungautoren Einlass in den literarischen Betrieb ermöglichte, wo sie Redakteure, Förderer und Kritiker kennenlernten und mit frühen Dichtungen von sich reden machen konnten, und umgekehrt, wo man die Zugehörigkeit zur künstlerischen Avantgarde öffentlich vorführte, indem man sich am Stammtisch der Jung Wiener platzierte – bald verlor sich deren Euphorie. „Nachteil des Verkehrs mit sehr vielen Menschen. Man erdrückt und zerstört alle wirkliche Intimität,"[79] so Hofmannsthal. Das halb Öffentliche, halb Private des Kaffeehauses war den Autoren bald ein Dorn im Auge. Dass man hier auf unerwünschte Gäste stieß wie den rheinländischen „Symbolisten", das störte. Auch war man das Outrierte etlicher seiner Besucher, der „Kaffeehausdekadenzmodernen",[80] wie sie Karl Kraus nannte, bald leid. Hofmannsthals Entschluss: „Zu Griensteidl gehe ich nicht mehr. Dr. Felix, der alte Franz und Herr Leon sind mir auf einmal sehr eklig geworden. Sie können natürlich nichts dafür, die betreffenden."[81] Auch Schnitzler empfand die Atmosphäre im Griensteidl bald schon als „deprimierend", wie er in einem Lagebericht an den in Istrien weilenden Beer-Hofmann Mitte März zum Ausdruck bringt: „Loris schreibt viel, Salten schreibt wenig. Die andern sehe ich gar nicht; das Café Griensteidl existirt für mich nicht mehr ... Ich will versuchen, ein Virtuose der Einsamkeit zu werden."[82]

Dass das Griensteidl „buchstäblich niemand mehr" besuchte,[83] stimmt natürlich nicht. Man ging weiterhin ins Kaffeehaus, immer wieder ins Griensteidl, bis zu seiner Schließung am 21. Januar 1897. Aber auch andere Kaffeehäuser wurden weiterhin aufgesucht, in beeindruckender Regelmäßigkeit. Das Café Pfob im Trattnerhof am Graben, das

Café Central, um 1910.

Café Union in der Grillparzerstraße, das Café Ruthmayer in der Liechtensteinstraße und nicht zuletzt jenes Kaffeehaus, das in der Herrengasse nicht weit vom Griensteidl entfernt lag und nach dessen Schließung viele der Gäste übernehmen sollte: „Ich bin jeden Abend nach 10 im Central, Dienstag, Donnerstag, Samstag sicher", ließ Schnitzler Hofmannsthal Mitte Februar 1893 wissen.[84]

Und doch, wenn es darum ging, sich tiefergehend auszutauschen, bevorzugte die Gruppe bald Beer-Hofmanns Bibliothek in der Wohnung der Familie in der Wollzeile, wohin man 1892 gezogen war, oder Schnitzlers atmosphärische Junggesellenwohnung in der Giselastraße, heute Bösendorferstraße, vis-à-vis vom Künstlerhaus. Schnitzler, der 1889 hierhergezogen war, hatte im gleichen Gebäude schon als Kind mit seiner Familie gelebt. Hier jedenfalls sitze und plaudere man „besser als im Caffeehaus und ist ebenso allein, ungestörter als bei Griensteidl. Die Lampen haben rothe Schirme. Es giebt Cognac. Man ist nicht

Gast und es giebt keine Hausfrau. Am Schreibtisch liegen Bahr, Barres, Barbey d'Aurevilly und noch anderes, das alliteriert." So berichtet Hofmannsthal in einem Brief Hermann Bahr, der gerade aus Russland zurückgekehrt war und dem schmackhaft gemacht werden sollte, einem Treffen der vier Schriftsteller beizuwohnen: am Sonntag, den 24. November 1891, von 16 bis 18 Uhr. „Es riecht nach der Bohème von Wien 1891 – Paris 1840".[85] Schnitzler zog übrigens bald von der Giselastraße weg; die frühen 90er-Jahre sollten für ihn wohnungstechnisch turbulent werden. Im Oktober 1892 übersiedelte er in die Grillparzerstraße 7, ein Neorenaissancegebäude unweit vom Rathaus, wo er jedoch nur ein Jahr blieb. Nach dem Tod seines Vaters schließlich zog er, da er seine Mutter nicht alleinlassen wollte und seine jüngeren Geschwister schon verheiratet waren, mit ihr in die Frankgasse 1, unmittelbar neben der Votivkirche, wo er in den ersten Jahren noch eine ärztliche Privatpraxis führte.[86] Doch wo er auch hinzog, seine Wohnung war immer Anlaufstelle für die Jung Wiener.

Die Verlagerung der Treffen in private Räume führte bereits im Laufe des Jahres 1891 zur Festigung der Kerngruppe. Aus dem anfänglich offenen Stammtisch im Kaffeehaus war eine kleine, feste Gruppe geworden. Man fühlte sich als Clique, traf sich zu Beginn gerne sonntagvormittags nach 11 Uhr, weil Hofmannsthal zuvor noch die Messe besuchte, wie sich Felix Salten erinnert.[87] Bald fand man an jedem Tag, zu jeder Stunde zusammen. Nach einem Besuch von Beer-Hofmann und Hofmannsthal im April 1892 notierte Schnitzler zufrieden in sein Tagebuch: „Daß es solche Leute gibt, ist doch schön." Diese Gruppe bleibe, so war sich Schnitzler sicher, „was dazu kommt, wird wieder abgestreift. ‚Wir werden noch oft übrig bleiben', sagte Loris neulich."[88]

In seinem Prolog zu „Der Tor und der Tod" verarbeitete Hofmannsthal die Zusammenkünfte der Gruppe literarisch, versetzte sie dabei in das Wien des Rokoko und verpasste jedem der vier genannten Dichter einen italienisch klingenden Namen: Baldassar (Schnitzler), Galeotto (Beer-Hofmann), Ferrante (Salten) und Andrea (er selbst). Dass

Hermann Bahr hier nicht vorkommt, ist wohl ein Zeichen dafür, dass er weit weniger als Teil des engeren Freundeskreises wahrgenommen wurde. Und doch stellte Bahr auf einer anderen Ebene den Mittelpunkt des „Jungen Wien" dar, wie es öffentlich wahrgenommen wurde und karrierefördernd für die einzelnen Autoren wirkte.

In dem alten Wien mit Türmen,
Mit Basteien, Pagen, Läufern,
Lebten vier berühmte, große
Gänzlich unbekannte Dichter,
Hießen: Baldassar, Ferrante,
Galeotto und Andrea.
Baldassar war Arzt; er spielte
Außerdem auf einem Kleinen
Künstlichen Spinett, aus Noten,
Spielte süße Kinderlieder,
Affektierte Menuette
Oder ernste Kirchenfugen.
Galeotto aber hatte
Ein Puppentheater: dieses
Ließ er vor den Freunden spielen,
Kunstreich an den Drähten ziehend,
Und die die Puppen spielten große
Höchst phantast'sche Pantomimen,
Wo Pierrot und Colombine,
Arlechin und Smeraldina
Und noch viele andre Leute,
Ja der Tod persönlich auftrat
Und die Paradieseschlange.
Und der dritte war Ferrante:
Dieser hatte einen schönen
Schlanken semmelblonden Jagdhund,

Der Mireio hieß. Der jüngste
War Andrea: sein Besitztum
War ein großes, altes, dickes
Buch: die „Gesta Romanorum",
Voll der schönsten alten Märchen
Und phantastischer Geschichten
Voll antiker Anekdoten
Und aristotel'scher Weisheit. ...

Diese vier nun waren Freunde,
Und an Sonntagnachmittagen,
Namentlich an jenen lauen
Leuchtenden des Frühlings, kamen
Sie zusammen, um zu plaudern ..."

Doch nicht nur in den Wohnungen und zum Plaudern traf man sich. Von Beginn an unternahm die Gruppe gemeinsame Ausflüge in die ländlichen Vororte Wiens und amüsierte sich im Wiener Prater, dem Erholungs- und Vergnügungspark im heutigen zweiten Wiener Gemeindebezirk. In den Praterauen wurden Spaziergänge unternommen, entlang der Nobelallee, wo sich die Wiener High Society zur Schau stellte, verkehrte die Gruppe in den vornehmen Kaffeehäusern. Vor allem im Dritten Kaffeehaus, das einst vom rührigen Cafétier Anton Ronacher geführt worden war und mit seiner Theater-, Musik- und Variétebühne lockte, war die Gruppe gerne zu Gast. Im Volksprater schließlich, dem Ort „plebejischer" Vergnügungsmöglichkeiten, den Salten in seiner Prosaskizzen-Sammlung „Wurstelprater" Jahre später porträtieren sollte, erfreuten sich die Autoren der Rummelplatzattraktionen. Es war eine Gegenwelt zum städtischen Alltag; ein frivoler Brief Arthur Schnitzlers an die exzentrische Schauspielerin Adele Sandrock, die etwa zwei Jahre lang seine Geliebte war, macht dies anschaulich:

Im Volksprater, um 1900.

Gestern, mein Schatz, waren wir im Prater (wir vier: ICH, Loris – Salten – Beer-Hofmann) – haben wahnsinnig gedraht, sind nemlich im Schweizerhaus gesessen, haben Backhendln mit Gurkensalat u Salami gegessen, und sind dann – bitte nicht verhöhnen! – auf der Rutschbahn gefahren, dabei ereignete sich auch nicht das geringste Stubenmädchen, und alle Backen blieben ungekniffen ... – Damit nicht zufrieden schwelgten wir noch in einer Zehnkreuzerbude ..., wo eine berückend schöne Donaunixe, die ausschließlich mit einem Verdienstkreuz bekleidet war, unglaubliche Evolutionen ausführte ... An der „braisgegrönten Hehrgulösgraffftmaschinne" gingen wir schwächlich vorüber.[89]

Auch wenn sich die Gruppe über viele Jahre fast täglich sah, der Umgang der Autoren miteinander war nicht immer ganz so ungezwungen,

Schnellfotografie im Prater: Beer-Hofmann und Bahr (stehend); Hofmannsthal und Schnitzler (sitzend), um 1895.

wie dieser Brief den Anschein vermittelt. Merkwürdig empfand Salten noch in seinen Erinnerungen die „gedeckte Herzlichkeit, mit der wir untereinander verkehrten und die immer wieder besonders auf mich den Eindruck von Kühle, ja sogar von Kälte geübt hat. Arthur Schnitzler war gegen jede körperliche Berührung, wie das vertrauliche Handauflegen auf die Schulter, überaus empfindlich und ablehnend bis zur Schroffheit. Dennoch duldete er lächelnd, wenn Hofmannsthal gelegentlich in einer Art von Zärtlichkeit mit Schnitzlers schönem, seidenweichem Haar spielte."[90] Schnitzler ließ seine Geliebte Marie Glümer Ende Dezember 1892 wissen: „Unser Verkehr ist deswegen so hübsch, weil ihm jeder Zwang und jede äußerliche Intimität fehlt. Nervöse Menschen sind nur für diese Art der Freundschaft".[91] Auch bei Beer-Hofmann fällt das für die Zeit charakteristische Wort „nervös", allerdings ironisch gewendet: „Freunde? Freunde sind wir ja eigentlich nicht – wir machen einander nur nicht nervös."[92] Salten bemüht sich zu relativieren: „Wir sind natürlich trotz alledem Freunde gewesen und sind unser ganzes Leben lang miteinander verbunden geblieben." Noch Jahrzehnte später meinte Leopold von Andrian sich erinnern zu können, dass Hofmannsthal Schnitzler, Beer-Hofmann und Bahr nicht zu seinen „menschlichen", sondern vielmehr zu seinen „litterarischen" Freunden gezählt habe.[93]

Hofmannsthal und Schnitzler

Als eine „rein intellectuelle, nie persönliche" sah auch Schnitzler in den frühen 90er-Jahren seine Beziehung zu Hofmannsthal.[94] Das Verhältnis der beiden lässt sich als eine Geschichte zyklischer Annäherungen, Verstimmungen und leidenschaftlich bekundeter Wertschätzungen lesen. In einer Tour bedurfte es klärender Gespräche, nonstop der gegenseitigen Versicherung, dass man sich doch eigentlich mochte.[95]

„Loris bei mir. Unerquicklich. – Ich sagte: Es gibt Gespräche, in denen wir uns nähern, und andre, in denen wir uns von einander entfernen". So begann das Jahr 1893, im August des darauffolgenden Jahres hält Schnitzler die Empfindung fest, „dass etwas zwischen uns getreten" sei, dass Hofmannsthals „Hochschätzung" und „Sympathie" für ihn geschwunden sei.

Eifersüchteleien kamen hinzu: „Ich empfinde es unangenehm, dass er mit Richard intimer ist als mit mir".[96] Dass Hofmannsthal Beer-Hofmann nahestand und sich zu Beginn auch prächtig mit Hermann Bahr zu verstehen schien, war Schnitzler ein Dorn im Auge. Anlass zum Ärger war für ihn auch, dass er sich in der Einschätzung seiner selbst, seines Charakters und seiner Fähigkeiten abhängig sah von der Meinung, die er bei Hofmannsthal über sich vermutete. Es beeindruckt, wie Schnitzler darunter litt, dass der neun Jahre jüngere Freund ihn weniger schätzte, als er es sich wünschte. Konkurrenzdenken war Schnitzler ohnedies nicht fremd. Als er etwa davon hörte, dass der Schriftsteller und Kritiker Rudolph Lothar Beer-Hofmann als das größte literarische Talent der Runde erachte, ließ er sein Tagebuch empört wissen, dass ihm zwar absolut klar sei, dass man Hofmannsthal für „den Bedeutendsten" halte, „wenn man aber einen andern über mich setzt, ärgere ich mich."[97]

Was Hofmannsthal anlangt, wurde seine „Gereiztheit" aber auch von dessen eigenwilligem Charakter ausgelöst. Es hatte mit so manchen „Allüren und Marotten von ihm" zu tun, „seine Hinneigung zu gewissen Äußerlichkeiten aristokratischer Lebensweise und Anschauungen, seine deutliche Vorliebe für die Gesellschaft ‚junger Herrn'". Der Tagebuchschreiber räumt jedoch selbstkritisch ein: „Hier spielt freilich von meiner Seite mit: dass *ich* nicht reiten, nicht ordentlich fechten, absolut nicht schießen kann".[98] Das Gefühl, mangelnde Wertschätzung zu erfahren, beruhte jedoch auf Gegenseitigkeit. Nachdem Schnitzler in seiner Wohnung Beer-Hofmann, Salten und Hofmannsthal aus seinen alten Tagebüchern vorgelesen hatte, monierte der Jüngste der Runde: „Ich bin nicht genug gelobt".[99]

Es gab aber auch gute Momente. „Spazierg. mit Hugo Nachts, der mir wieder sehr viel bedeutet. Er holt doch meine ganze Ehrlichkeit herauf; ihm gegenüber hab ich am stärksten Bedürfnis und Fähigkeit zu beichten." Nichts ist hier mehr von der emotionalen „Kühle" zwischen den Freunden zu spüren, von der Salten berichtete; man sprach in aller Offenheit, wie das Tagebuchnotat Schnitzlers vom April 1896 weiter zeigt: „Hugo sagte; es bilde sich was starres in mir – ich sei der A. im Verhältnis zur Familie – der A. mit seiner Geliebten – der A. im Café Griensteidl – der A. mit jungen Mädeln aus der Gesellschaft – sollte wo anders hin, wo ich rein menschlich gelten und sein kann, statt eine Marke zu tragen. [...] Hugo sagte heut u.a. ‚Ich weiss überhaupt nicht, dass Sie irgend jemanden sehr gern haben können.'"[100]

In guten Momenten konnte es sich Hofmannsthal leisten, Schnitzler auf einen gewissen Selbstverlust im aufopfernden Spiel sozialer Rollen anzusprechen, und auch darauf, dass sich seine Empathie und „Menschlichkeit" bisweilen zwischen gesellschaftlichen Erwartungen zerrieb. War das der Grund für Schnitzlers Launenhaftigkeit, die er sich selbst eingestand? War der soziale Druck, den er verspürte, auch der Grund für seine ständigen Unsicherheiten gegenüber seinen Freunden?

Waren die ersten Jahre zwischen den beiden geprägt von Zwistigkeiten, so lösten sich diese ab 1896 zunehmend.[101] Hofmannsthal hatte sich im Laufe des Frühjahrs bis über beide Ohren in die Industriellentochter Hermine („Minnie") Benedict verliebt und tauschte sich darüber am liebsten mit Schnitzler aus, war er doch mit der Familie Benedict selbst sehr gut bekannt. Der Sommer 1896 in Altaussee, in dem Hofmannsthal bei Tennis- und Radpartien, Soupers und Bällen die Nähe Minnie Benedicts suchte, hat Spuren in Hofmannsthals Werk hinterlassen. „Minnie" ist einverleibt in das lyrische Drama „Was die Braut geträumt hat", das im Anschluss an den Aufenthalt in Aussee entstand. Am 15. Januar 1897 kam es während einer Soiree im Hause Benedict sogar zur Aufführung, Minnie spielte die Braut, Arthur Schnitzler einen Geiger, pantomimisch.[102]

Das „Gelegenheitsgedicht“ handelt von der tagträumerischen Begegnung einer Braut mit drei Kindern, die sie mit ihren Liebesgefühlen konfrontieren, ihr diese im Grunde verleiden wollen. Das dritte Kind, ein Kind aus Günseldorf, erinnert sie an ihre unbeschwerten Kindertage, bevor sie zur Braut wurde; das zweite Kind, Mizi, spricht unverhohlen aus, „wie dumm“ ihre Gefühlsduseleien sie doch gemacht hätten und Amor, das erste Kind, macht klar, dass er sie wie eine Marionette in der Hand hält. Etwas Unheilvolles liegt in der Luft, die Braut zeigt sich Amor gegenüber verunsichert:

Sieh mich nicht so an, du bist
Mir zu stark! Mit deinen Blicken
Saugst du mir die Seele aus,
Und ich bin so fremd, so leer,
Um mich alles fremd und leer,
Und ein namenloses Sehnen
Zieht mir meinen armen Sinn
Irgendwo … wohin? Wohin?[103]

Die Verliebtheitsgefühle, die hier zur Sprache kommen, mögen nicht nur auf die des Dichters zurückverweisen, sondern eigentlich mehr noch auf jene Minnie Benedicts, zumindest so, wie sie den vagen Wunschvorstellungen Hofmannsthals entsprangen. Minnie ist nicht zufällig im Brautstand imaginiert, spielte Hofmannsthal doch mit dem Gedanken, sie zu heiraten, ohne sich jedoch über ihre Gefühle für ihn gewiss zu sein. Da das Verhältnis zwischen den beiden immer komplizierter wurde, musste Schnitzler als Vermittler herhalten. Nach zwei Gesprächen unter vier Augen schildert er die Liebeskonfusion: „Sie habe Hugo (erzählte sie) zehnmal gesagt, er solle gehn etc. – warum solle denn sie verliebt sein, weil er in sie? – Mit Hugo verbracht ich den Abend. Was sie mir von ihrem Verh. zu Hugo erzählt, ist unwahr; er hat ihr gesagt (in Aussee) er wolle gehn, sie hat ihn abgehalten; – auch hat sie ihm gesagt: „Wir hätten uns jedenfalls in einander verliebt, auch wenn ich verheiratet gewesen wäre."[104]

Aus dem Liebesglück wurde jedenfalls nichts, auch weil sich Benedict zu allem Übel stärker von Arthur Schnitzler angezogen fühlte.[105] Hofmannsthal hatte es bereits befürchtet. „Wenn sie als Arthur's Braut hinkäme!", vertraut er seine Ängste dem Tagebuch kurz vor einem Hausball bei der Familie Strisower im Spätherbst 1896 an.

Und Schnitzler? Er war ihr wohl auch nicht abgeneigt, pflegte seine Tändeleien und Liebeleien jedoch meist unverbindlich – Schnitzler konnte freilich auch der vor Eifersucht rasende Verliebte sein, der seinen Geliebten und sich selbst die Hölle bereitete. Nachdem er am 2. Dezember 1898 vormittags bei Marie Reinhard und nachmittags bei Marie Glümer gewesen war, später dann Minnie Benedict einen Besuch abstattete und im Anschluss wieder bei Marie Reinhard landete, notierte er in sein Tagebuch: „Warum kann man sie nicht alle haben, jede für sich allein, jede ohne Lüge, und jede ohne Qual für sich und für die andern." Die Freundschaft zwischen den zwei Herren nahm durch die Liebeskonfusion jedenfalls keinen Schaden.

Richard Beer-Hofmann

Beer-Hofmann wurde im Kreis der Autoren außerordentlich geschätzt, menschlich wie auch künstlerisch. Noch 1905 meinte Schnitzler, dass er „der bedeutendste von uns allen ist. Seine Art zu arbeiten: im Gegensatz zu der meinen und zu der Hugo's – Auch wenn ich mich ebenso lang mit einem Werk beschäftigte wie er, könnte ich es nicht zu der gleichen Höhe bringen".[106]

Zu Beginn machte Beer-Hofmann allerdings aufgrund seines dandyhaften Aussehens von sich reden. Seine Kleidung war „von einer exzessiven Noblesse, von einer mit subtilstem Geschmack ausgesuchten Eleganz" wie sich Felix Salten erinnert, „die immer etwas leise Herausforderndes hatte. Er trug jeden Tag eine andere stimmungsmäßige und raffiniert gewählte Knopflochblume".[107] Schnitzler notiert wenige Monate nach dem Kennenlernen in sein Tagebuch. „B.-H. höchst sympathisch. – Affectiert, viel Schönheitssinn, viel Verständnis, Liebenswürdigkeit."[108]

Richard Beer-Hofmann, um 1900.

Die „Perfektomanie", die Beer-Hofmann im Umgang mit seinem Äußeren auszeichnete, nahm Schnitzler bald auch in dessen Schriftstellerei wahr. Er hatte noch keine Zeile geschrieben und galt doch schon als talentierter Künstler. Warum diese unverhältnismäßigen Vorschusslorbeeren? Er sei überaus beredsam gewesen, klug, ein gewiefter Denker, sodass ihm Salten den Titel „Mäzen des Verstehens" gab. Doch „schreiben schien er im Anfang gar nicht zu wollen, ja es schien, als sei er sich dafür zu kostbar."[109]

Schnitzler jedenfalls animierte ihn mehrfach dazu: „Nächstens werden Sie etwas schreiben müssen; das steht fest. [...] Interessant ist, wie einige, als Ihr Name genannt wurde, mit einer gewissen Wehmut sagten: ‚Ja, wenn man von dem was kriegen könnte'."[110] Vielleicht fühlte sich Beer-Hofmann herausgefordert, bis zum Ende des Jahres hatte er seine erste kurze Novelle „Camelias" verfasst.

Überraschend geht Beer-Hofmann hier gerade auf Distanz zur Oberflächlichkeit des Ästhetentums, das er doch, geht es nach seinen Kriti-

Arthur Schnitzler. Bleistiftskizze von Richard Beer-Hofmann aus den 1890er-Jahren.

kern, selbst verkörperte. Im Zentrum der Novelle steht der „schöne Freddy“, ein Dandy wie aus dem Bilderbuch, der seit mehreren Jahren ein Mädchen aus der Vorstadt, Franzi, vertraglich als bezahlte Geliebte hält. Ledig zu sein ist die Voraussetzung dafür, dass Freddy auch weiterhin seinen Schönheitswahn kultivieren kann. Denn täglich wirft er sich in eine groteske Abendtoilette, die er vor seiner Geliebten natürlich geheim halten muss. Er schnürt sich ein Mieder um, das um „Bauch und Hüfte“ „tief einschneidende rote Streifen“[111] hinterlässt, und verpasst sich eine Gesichtsmaske mit Cremes und Haarnetz. Als er einmal während seiner Abendtoilette im Ankleidespiegel seines grotesken Anblicks gewahr wird, bricht es aus ihm heraus: „Um Gotteswillen! Wie sah er denn aus? – Von Kopf bis Fuß nackt, die gelben Handschuhe – und an der linken Hand die breite Goldkette, dazu das gelbseidene Cachenez um den Kopf gewunden, und das fettglänzende Gesicht mit der glühenden Zigarette – unheimlich und lächerlich zugleich!“[112]

Beer-Hofmann, der Autor, der von Kraus später dafür verlacht wurde, „seit Jahren an der dritten Zeile einer Novelle“ zu arbeiten, „weil er jedes Wort in mehreren Toiletten überlegt“, macht sich also von Anfang an selbst zum Ankläger eines zügellosen Ästhetentums.

Schnitzler jedenfalls lobte die Novelle, sie habe „die gefährliche Probe des Wiederlesens aufs Glücklichste bestanden". Nur die Vorstellung, dass der schöne Freddy ein Mieder trägt, fand er „widerlich" und „absolut überflüssig".[113] Beer-Hofmann blieb dabei.

„Camelias" sei vom Jungen Wien „wie ein seltsamer Edelstein" bewundert worden, so erinnert sich Felix Salten später.[114] In seiner Rückschau kommt allerdings auch zum Ausdruck, wie der Autor der Novelle seinen Jung Wien-Freunden gegenüber immer eine „schier unmeßbare Distanz" gewahrt habe. Immer wieder ärgerten sich Hofmannsthal und Schnitzler darüber, dass der Freund ihre Briefe oft nur sehr spät erwiderte und nicht selten sogar unbeantwortet ließ. Die Beziehung, die Hofmannsthal und Schnitzler mit dem zur „Gereiztheit" neigenden Beer-Hofmann unterhielten, war zweifellos intensiv, nicht selten witzig-ausgelassen; aber in beiden Fällen tendierte Beer-Hofmann häufig zu einer gewissen Zurückhaltung. Gerade Hofmannsthal machte diese emotionale Distanziertheit seines Freundes zu schaffen. In seine Sorge um die häufige Unmotiviertheit Beer-Hofmanns mischte sich immer wieder die quälende Empfindung, „wie absolut nichts ich für Sie bedeute und das Ganze macht mich so ungeduldig, daß ich mich manchmal zwingen muß, absichtlich nicht daran zu denken". Eine gewisse Unterwürfigkeit spricht aus Hofmannsthals Briefen: „Sie sind um so viel reifer und fertiger wie ich […] daß ich wohl weiß, daß meine Freundschaft für Sie nicht den Wert haben kann wie Ihre für mich, sondern nur einen viel viel geringeren." So heißt es in einem Glückwunschschreiben Hofmannsthals vom 5. September 1897 zur Geburt Mirjams, der Tochter Beer-Hofmanns. „Ich weiß genau, dass es keinen Menschen gibt, dem ich so viel schuldig bin wie Ihnen, ganz unscheinbar ist das gekommen, in den hunderten von Gesprächen, die wir in diesen fünf Jahren miteinander gehabt haben."[115]

Felix Salten

Nach einem „Souper“ mit Lou Andreas-Salomé, Peter Altenberg, Felix Salten und Friedrich Eckstein notierte Schnitzler im Dezember 1895 in sein Tagebuch: „Im Verkehr ist mir entschieden Salten der angenehmste; ich hab ihn sehr gern, besonders wenn ich mit ihm persönl. zusammen bin; vermisse ich ihn einige Tage, so stört mir Ueberlegung, besonders seiner Unverlässlichkeit das Bild. – Richard, den ich außerordentlich gern hab, macht mich oft durch seine raunzige Manierirtheit nervös. – Hugo ist dem Bahr zu nah; das läßt ihn offenbar mir gegenüber nicht wirklich und stetig warm werden; und trotz beiderseitigem gutem und bestem Willen, ist kein tieferes Verhältnis zwischen uns, wie es sein könnte und vielleicht müßte. Es ist eine Thatsache, dass ich ihm gegenüber im persönl. Verkehr nicht ganz ohne Befangenheit bin und das Gefühl hab nicht so aus mir heraus zu können, wie es für seine Werthschätzung meiner Person nothwendig wäre.“[116]

Zwischen Salten und Schnitzler entwickelte sich bald nach dem Kennenlernen eine enge Freundschaft. Ihm sollte Salten auch all die Jahre menschlich weitaus näherstehen als den anderen des Kreises. Sie unternahmen, häufig zu zweit, Ausflüge in den Prater, Landpartien in der näheren Umgebung Wiens, nach Mödling, Klosterneuburg, Tulln oder Rodaun und teilten früh die Leidenschaft des Fahrradfahrens. Und doch, die Freundschaft war nicht immer frei von „Rancunen“. Salten „hat für mich was physisch unsympathisches bekommen, und wenn ich zuweilen mit ihm über die intimsten Sachen sprech ists, weil ich bei ihm keine Einleitung brauche, und doch zuweilen (freilich selten) das Bedürfnis hab drüber zu reden“, notierte Schnitzler im Dezember 1892 ins Tagebuch.[117]

Auch als Aufschneider entlarvte er ihn: „Sein Lügen geht ins Krankhafte“, ärgerte sich Schnitzler über eine Hochstapelei Saltens in späteren Jahren. Der hatte ihm erzählt, dass er für das Drehbuch seines ersten Films ein Honorar von 14.000 Mark erhalten habe; seine Frau korrigierte, es waren nur 3000 gewesen.[118]

Nicht minder Abfälliges findet sich auch in Hofmannsthals privaten Aufzeichnungen über Felix Salten. Er sei „ein schiefer Mensch“ und „jede Situation, in die man mit ihm kommt, ist schief“. Der Grund für sein scharfes Urteil war Saltens notorische Unstetigkeit: „Er verleugnet und propagiert, lehnt ab und schließt sich an, alles jedes Mal umspringend. Le fin mot: sein Denken ist nicht gesund“.[119] In diese Kerbe hatte auch Karl Kraus bereits knapp zwanzig Jahre zuvor in seiner „Demolirten Literatur“ geschlagen. Salten sei ein schriftstellerisches Chamäleon, denn „er schrieb immer das, woran seine Freunde gerade arbeiteten“.[120]

Der fünf Jahre jüngere Hofmannsthal sah sich jedenfalls schon in den frühen 1890er-Jahren in der Position, Salten immer wieder zu belehren – ungefragt, wie es scheint. Er riet ihm, sein Interesse als „Privatmensch“ für „das Frauenzimmer“ nicht mit „Kunsttheorie“ zu verwechseln und kritisierte ihn für seine thematische Fixierung auf das „Abenteuer der Untreue“.[121] Er nahm ihn in die Pflicht, seinen Hang zum „Müßiggang“ zu überwinden – „Arbeiten, viel arbeiten“ – und ermahnte ihn, in seiner Produktion nicht auf „dünnflüssige Erfahrungen“ zu setzen.[122] Saltens Reaktion: Er ignorierte seinen Kritiker. Der wiederum gab sich beleidigt: „Sie schreiben mir nicht, Arthur schreibt mir nicht“.[123]

Nach Hofmannsthals Kritik an seiner Erzählung „Mutza“ erinnerte Salten an die Hürden, die er bei seiner Entwicklung als Autor nehmen musste und an die Herkunft aus einem weniger privilegierten Elternhaus. Die Erzählung, die Schnitzler übrigens „sehr gelungen“ fand,[124] war einer der ersten Texte, den der von Selbstzweifeln geplagte Salten im Kreis der bereits Angesehenen zum Besten gab. Das geschah im Türkenschanzpark im Mai 1892: „Vergessen Sie nicht, daß ich den schwersten Standpunkt unter euch allen habe, daß ich durch einen unruhigen, unstäten Lebensgang und durch starke Verhältnisänderungen in meiner Entwicklung gehemmt und fortwährend unterbrochen wurde, daß ich also viel mühsamer, und doch viel langsamer fortkomme als Ihr, und vor Allem nicht die Sicherheit des ungehindert Schreitenden mehr habe. Ich führte das gewiß nicht als mildernd oder als bitte um Lob an, sondern einfach als Erklärung, denn ich will nicht, daß man auf meine Talentlosigkeit setzt".[125]

Die hohen literarischen Erwartungen, die der Kreis unausgesprochen an die einzelnen Mitglieder stellte, und die bei seinen Texten ausbleibenden Begeisterungsstürme – im Gegensatz zu den teils enthusiastisch aufgenommenen seiner Freunde – machten ihm zu schaffen: „Aber glauben Sie, der Sie mich kennen, dass ich dadurch nicht noch viel mehr herabgedrückt werde und noch mehr leide?", ließ er Schnitzler noch 1894 wissen.

Seine finanziell missliche Lage blieb bis Mitte der 1890er-Jahre für Salten Dauerthema.[126] Er wünschte sich den Lebensstil seiner Freunde, der Bürgerssöhne, „die alle wohlhabend und sorglos leben konnten, die sich Reisen nach Venedig, nach Paris und Sommeraufenthalt im Salzkammergut gestatten durften", und wusste doch um seine Situation.[127] Schnitzler bat er immer wieder um Geld. Und mehr noch, weil ihm auf einer Radtour in Cortina d'Ampezzo das Geld knapp wurde, sollte Schnitzler – eine undankbare Aufgabe – den Vater Saltens um weitere Mittel für den Sohn bitten: „Er stellt sich vor, man bekommt hier alles geschenkt", zeigt sich Salten verständnislos gegenüber seinem Vater.[128]

Schon früh hatte er selbst für seinen Unterhalt zu sorgen. 1893 trat Salten eine Stelle bei der Wiener „Phönix"-Versicherung an. Er beklagte sich gegenüber Schnitzler, dass er in seinem Wiener Büro „braten" müsse, während sich seine Freunde längst in die Sommerfrische verabschiedet hätten. „Es war auch eine verfehlte Sache, dass ich mich hier einsperren und mir einreden liess, ich hätte Beruf zum Beamten einer Assekuranz, so plötzlich". Er setzte darauf, „mit schriftstellerischer Arbeit 50fl. per Monat zu verdienen".[129] Ein Jahr später bereits sollte sein Wunsch in Erfüllung gehen, ab 1894 lebte er vom Schreiben, allerdings vom journalistischen. Salten wurde Redakteur der liberalen *Wiener Allgemeinen Zeitung*, die mit der Sozialdemokratie gut stand und dem Antisemitismus und damit ab 1897 dem Bürgermeister Lueger den Kampf ansagte. Als Theaterreferent schrieb Salten positive Kritiken über die dramatischen Arbeiten seiner Freunde, vor allem Schnitzlers, und verschaffte ihnen immer wieder auch Publikationsmöglichkeiten. So erschien hier im Dezember 1896 etwa Hofmannsthals Liebesgedicht „Die Beiden".

Gerade die Beziehung zwischen Hofmannsthal und Salten verlief also nicht immer ohne Reibung: Hofmannsthal (wie auch Schnitzler) fühlten sich genervt von Saltens Liebesgeschichten, und vor allem davon, dass er diese immer an die große Glocke hängte, Salten (wie auch Schnitzler) war nicht weniger abgestoßen von Hofmannsthals aristokratisch-militärischem Gehabe. Außerdem machten sie sich gerne über seinen sonntäglichen Kirchgang lustig, vermutlich gerade deshalb, weil Hofmannsthal auf sie nicht den Eindruck eines gläubigen Katholiken machte. Salten notierte über sich und seine Freunde: „Salten hat bei Schnitzler geschlafen. Loris kommt. Er hat eben ministriert. [...] SCHN. Ein Ministrant, der posirt oder ein Poseur, der ministrirt."[130]

Die beidseitigen kritischen Äußerungen dürfen nicht vergessen lassen, dass auch Hofmannsthal über viele Jahre in enger Beziehung zu Salten stand. Noch Jahrzehnte später sollte er in einer Würdigung anlässlich Saltens sechzigsten Geburtstags Anerkennung und Wertschätzung zum Ausdruck bringen: „Künstler – durchaus, und aus der Wurzel, und leidenschaftlich".[131]

Hermann Bahr

Hermann Bahr war, anders als oft behauptet, weniger der künstlerische Mentor der Gruppe, sondern diente ihr als unermüdlicher Netzwerker. Er verfügte über enge Beziehungen zum Theater; aufgrund sei-

Hermann Bahr und Felix Salten in Paris, 1900.

ner Freundschaft mit dem Burgtheaterdirektor Max Burckhard sah er sich zeitweise sogar als „heimliche Nebenregierung in der Burg", wie er seinem Vater schrieb. Hier wollte er „Platz für seine Leute schaffen".[132] „Der Mann von Übermorgen", wie der deutsche Journalist und Kritiker Maximilian Harden ihn ironisch nannte, war zugleich einer der wichtigsten Impulsgeber für die junge Literaturszene. Mit seinen Essays zur zeitgenössischen Literatur begleitete er auch den Aufstieg so manchen Jung Wieners: Die Etablierung der Marken „Loris" und „Junges Oesterreich" gingen vor allem auf Bahrs beständiges und unnachgiebiges Rühren der Werbetrommeln zurück. Neben Hofmannsthal stand, zum Ärger Schnitzlers, Leopold von Andrian in der Gunst des Talentsuchers. Dieser hatte sich mit seiner Erzählung „Der Garten der

Erkenntnis" 1895 in der Wiener Literatenszene einen Namen gemacht. Drei Jahre später bereits ließ Andrian alle seine literarischen Bestrebungen fallen und wirkte fortan als Diplomat im Ausland und später als Generalintendant der Hoftheater in Wien.

In Bahrs Vortrag „Das junge Österreich" Mitte März 1895, über den sich Schnitzler, Beer-Hofmann und Salten am darauffolgenden Tag im Kaffeehaus ereifern sollten, wurde Andrian jedenfalls über den grünen Klee gelobt: „Wir, d. h. Bahr, Torresani, Richard, ich sind abgethan (‚demüthige, gothische Figuren'). Richard, der vielleicht noch in die nächste Periode hineinragen wird, ich, der aus sehr kleinen Anfängen zu sehr schönem vorgeschritten und dessen ‚Sterben' wohl zwanzig Jahre dauern wird – da sind nur Hugo, der aber jetzt nicht schreibt – und Andrian, mit dessen ‚Garten der Erkenntnis' Europa sich in den nächsten Wochen beschäftigen wird. – Welch ein ordinärer Schwindler."[133]

Bahr sollte noch Jahre später bekennen, ihm seien Hugo von Hofmannsthal und Leopold von Andrian „das größte Glück, das mir je zuteil wurde, denn sie geben meinem Leben erst wieder einen Sinn [...]. Als mein Amt betrachtete ich es, diese zwei Künstler, Hofmannsthal und Andrian, zu verstehen, zu kommentieren, kritisch tapfer fechtend zu begleiten".[134]

Obwohl man sich doch eigentlich blendend verstand, stundenlange Gespräche führte, Spaziergänge im Volksgarten und gemeinsame Ausflüge nach Salzburg unternahm – das Engagement Bahrs war dem zehn Jahre jüngeren Hofmannsthal nicht ganz so recht: „Bahr hat in früheren Jahren mindestens zwanzigmal über mich geschrieben, immer als Parteigänger, Freude hat's mir nie gemacht, es war immer halb, immer schief..., ohne Konsequenz, ohne innere Wahrheit."[135] Die Härte, die Absolutheit und das Ultimative dieses späten Urteils Hofmannsthals mögen freilich wiederum Zweifel an dessen Glaubwürdigkeit aufwerfen. Dennoch, immer wieder hatten sich Hofmannsthal wie auch Beer-Hofmann, Salten und Schnitzler kritisch gegenüber Bahr geäußert,

Felix Salten (links stehend) und Hermann Bahr (in der Mitte stehend) bei Josef Redlich (vorne rechts) in Altaussee, Juli 1903.

ablehnend gegenüber seinem literarischen Schreiben,[136] skeptisch gegenüber seiner Pose des weltmännischen Querdenkers. Schnitzler wirft ihm vor, er vertrete nur darum das Gegenteil zur allgemeinen Meinung, um „immer interessant, immer geistvoll, immer bizarr" zu sein. Er sei ein Poseur. Schnitzler konnte nicht glauben, dass er das beste Stück Hermann Sudermanns, eines damals überaus populären Dramatikers des Naturalismus, allen Ernstes in der Komödie „Schmetterlingsschlacht" sah. Man müsse dafür „entweder nichts verstehn – oder Hermann Bahr sein", schreibt Schnitzler an Beer-Hofmann nach einer Aufführung im Burgtheater 1894.[137] Auch Hofmannsthal fragte sich, bereits wenige Monate nach dem Kennenlernen, „ob an seiner Naivität nicht doch etwas gemachtes ist, etwas von dem forcierten des Menschen, der sich davor fürchtet gewöhnlich zu sein".[138] In einer Stunde der Vertrautheit, nach einer neuerlichen Aussöhnung, gestand Bahr Schnitzler sogar, er „sei von einer ewigen Angst gequält, langweilig zu werden".[139] Ein andermal, im Zusammenhang mit seiner kritischen Besprechung der Uraufführung der „Liebelei" am Wiener Burgtheater, gab er sich selbst als „Propagandanatur" zu erkennen. Er habe dem Theaterdirektor Burckhard bereits vor der Premiere angekündigt, so gestand er Schnitzler, er müsse „zwei Feuilletons über die ‚Liebelei' schreiben; eins, wenn sie durchfällt, wo ich dich justament riesig lob', und eins, wenn sie gefällt, in dem ich mich mit dir scharf auseinandersetze."[140] Das Stück gefiel.

Und doch waren sie einander wohlgesinnt, immer darum bemüht, die Brüche zu kitten, und vor allem darum, sich zu gut zu verkaufen. Noch 1909 schrieb Bahr an Schnitzler aus Königsberg: „Heute hier im Goethebund: Schnitzlerabend von Hermann Bahr. So bin ich unermüdlich um Deinen Ruhm in Nord u. Süd besorgt."[141]

Ein amouröser Zufall brachte die beiden übrigens bereits Ende 1893 etwas enger zusammen. Schnitzler und Bahr begannen zur selben Zeit eine Liebesbeziehung mit den Geschwistern „Willy" und „Dilly" Sandrock, Bahr mit Wilhelmine und Schnitzler mit Adele. Das hatte wohl einige Spötter auf den Plan gerufen, wie Schnitzler in seinem Tagebuch deutlich macht: „Bahr und Sch. (die Führer der Naturalisten) haben Verhältnis mit 2 Schwestern, welche Schauspielerinnen und Canaillen sind."[142] Den beiden Liebespaaren jedenfalls war kein

Adele und Wilhelmine Sandrock, 1885.

langes Glück beschieden. „Dilly“ ging bald eine Affäre mit Salten ein, und auch Bahr und „Willy“ trennten sich. Auf der gemeinsamen Silvesterfeier jedoch hatten Schnitzler und Bahr, untypisch für die Zeit, bereits das Du-Wort getauscht. Olga Schnitzler glaubte später, dies sei die Ursache dafür gewesen, dass ihr Mann „in späteren Jahren jedes freundliche Angebot auf Bruderschaft immer wieder mit der Bemerkung ablehnte, er sei nur eines Menschen Duzbruder geworden, und den hätte er zu jener Zeit nicht leiden können.“[143]

Ein emotionales Auf und Ab sollte es jedenfalls bis zu ihrem Lebensende bleiben, eine Geschichte zyklischer Verstimmungen und Aussprachen. Schnitzler gestand in einem alterssentimentalen Moment dem im München lebenden Bahr: „Wenn mir meine Vergangenheit erscheint, bist du mir immer Einer der nächsten, und so kann es auch in der Gegenwart nicht anders sein. Klingt das nicht ein bischen nach fünfter Akt, erste Scene? Sagen wir: Vierter, vorletzte. Wir wollen nicht sentimental werden. Ich bemerke mit angemessener Kühle: Hoffentlich sieht man sich einmal wieder. Es wäre schön.“[144]

3

Ein „théâtre libre" für Wien

Im April 1891 fand in Wien eine Festwoche zu Ehren Henrik Ibsens statt, initiiert von den Herausgebern der *Modernen Dichtung*, die kurz zuvor als *Moderne Rundschau* neu lanciert worden war. Eine Woche lang stand das Programm des Wiener Burgtheaters und des Deutschen Volkstheaters ganz im Zeichen des norwegischen Dramatikers. „Die Kronprätendenten", „Ein Volksfeind", „Die Wildente" und „Gespenster" feierten ihre Wien-Premieren, „Stützen der Gesellschaft" war bereits in der Vorsaison im Volkstheater gespielt worden. Dem Verwaltungsjuristen Max Burckhard, der ab 1890 überraschend als neuer Burgtheaterdirektor berufen worden war, kam die Initiative gerade recht. Er hatte sich zum Ziel gesetzt, das verstaubte Repertoire der „Burg" mit zeitgenössischen Stücken aufzufrischen; auf dem Spielplan waren in den Jahren zuvor vor allem klassische Dramen und leichtfüßige Konversationsstücke gestanden. Der Versuch, Ibsens Dramen an das Wiener Publikum heranzuführen, der bereits Ende der 70er-Jahre unternommen worden und damals gescheitert war, sollte nun noch einmal gewagt werden.

„Unser liebes Wien", heißt es in einem Bericht des Berliner Naturalisten-Blatts *Freie Bühne für modernes Leben*, werde nun tatsächlich „aus seinem süßen Dämmerschlafe" geweckt, es sei kaum zu glauben: Ibsen – „burgtheaterfähig".[145] Für den rückständigen Wiener Theaterbetrieb bot sich die Möglichkeit einer Rundumerneuerung, wie sie sich bereits einige Jahre vorher auf den Bühnen Berlins ereignet hatte. Ibsen-Aufführungen hatten dort den Erfolgszug des „Jüngsten Deutschland", der sich dort etablierenden naturalistischen Szene, begleitet.

Auch wenn der große Run auf die Stücke ausblieb und „Die Wildente“ bereits nach vier, „Die Kronprätendenten“ und „Gespenster“ nach sieben Vorstellungen wieder abgesetzt wurden: Für all jene, die so sehnsüchtig auf den Einzug der modernen Literatur in Wien gewartet hatten – was auch immer man zu diesem Zeitpunkt darunter verstand –, waren die Aufführungen ein Großereignis.[146]

Im Anschluss an die Premiere der „Kronprätendenten“ am Burgtheater fand zu Ehren des Dichters im Hotel Kaiserhof ein Festbankett für etwa 130 geladene Personen statt. Neben zahlreichen Gästen aus Politik, Wissenschaft und Kultur, die man kaum dem Kreis der Ibsen-Verehrer zurechnen konnte, waren auch einige Jung Wiener zu Gast, die Blatt-Herausgeber und Organisatoren Eduard Michael Kafka und Jacques Joachim sowie Julius Kulka, einer ihrer Redakteure, daneben Hofmannsthal, Salten, Richard Specht und Felix Dörmann. Man wollte sich das Spektakel keinesfalls entgehen lassen. E. M. Kafka, von Lungenschwindsucht geplagt, sprach die Begrüßungsworte – seine „Fieberrosen auf den Wangen“ brannten vor Aufregung, wie Salten sich erinnerte;[147] Hofschauspieler rezitierten Gedichte von Specht und Dörmann, die diese eigens für diesen Anlass verfasst hatten und die „stürmische Hochrufe“ auf den Gefeierten auslösten; der sozialistische Reichstagsabgeordnete Engelbert Pernerstorfer, zuvor ein Deutschnationaler, würdigte Ibsen in einer kurzen Rede als sozialreformatorischen Botschafter; Grußkarten wurden verlesen, etwa vom Wiener Frauenverein, der Ibsen als Kämpfer für Frauenrechte würdigte, es folgten Trinksprüche auf Burg- und Volkstheater und de-

Henrik Ibsen, 1887.

Hermann Bahr und Max Burckhard am Wolfgangsee, um 1910.

ren Direktoren. Es war ein fulminanter Abend, der erst um vier Uhr morgens zu Ende ging.

Die Anwesenheit des Dichters ist in ihrer Bedeutung für die kleine Wiener Ibsen-Gemeinde kaum zu überschätzen. Ibsen wurde von ihr nicht nur verehrt, er verkörperte auch die Hoffnung, dass die Wiener Kulturszene von seinen modernen Ideen bald angesteckt würde.

In ihrem Kampf gegen „alte Werte, alte Lügen" verstehe sich die junge Generation in Wien, so macht Dörmann in seinem Huldigungsgedicht allzu pathetisch klar, als Jünger Ibsens: „Der Saatenstreuer bist Du, wir sind Erde."[148] Ein „Erlöser" sei er, so auch Julius Kulka in seinem Festbeitrag im Separatdruck der *Modernen Rundschau*, der noch zu später Stunde an die anwesenden Gäste des Banketts ausgegeben wurde. Kulka nannte ihn einen „Individualisten" und „Symboliker",[149] und darin sah er „freilich keinen Gegensatz zum Naturalismus" – eine heftige Kontroverse lag in der Luft, das deuten diese Zeilen bereits an, eine Kontroverse, die die Wiener Literatenszene bald schon spalten sollte.

Noch war es unklar, wohin sich die Literatur im Anschluss an Biedermeier, Realismus und die gründerzeitliche Dekorationskultur in Wien bewegen sollte. Im Norden regierte der programmatische Naturalismus mit den Knotenpunkten Berlin und München, im Westen hingegen, in Frankreich und England blühten lange schon Décadence und Ästhetizismus. Aus Paris und London kamen in immer kürzeren Abständen Schlagwörter, die den auf das Moderne und Allerneueste begierigen Dichterkreisen in ganz Europa Nahrung boten.[150]

Dass Ibsen in Wien so enthusiastisch aufgenommen wurde, war wohl auch ein Zeichen dafür, dass man sich hier noch nicht entschieden hatte. Seine modernen Seelenkrisendramen waren in mancher Hinsicht der gemeinsame Nenner. Mit psychologischem Feingespür leuchtete Ibsen seine erfrischend alltäglichen Figuren aus, häufig weibliche Charaktere, die unter der verlogenen Moral einer patriarchalen Gesellschaft leiden und daran zugrunde gehen, eingesperrt und sozial deklassiert zu sein.

Der Dramatiker blieb im Anschluss an die Premiere der „Kronprätendenten" und das Festbankett jedenfalls einige Tage lang in Wien. Hofmannsthal schickte Rosen und Gedichte, worauf er zu einem persönlichen Gespräch ins Hotel geladen wurde. „Er spricht selbst wenig, sehr leise und äussert seine Ansichten schüchtern, halb fragend, wie einen Vorschlag", bemerkte Hofmannsthal nach dem Treffen. Das Gespräch hatte den Gymnasiasten nicht gerade euphorisiert, er hatte sogar das unangenehme Gefühl, dass sie vollkommen aneinander vorbeigeredet hatten. Dabei habe er Ibsen doch eigentlich nur mitzuteilen versucht, dass er für die *junge Generation* der „Führer zur Selbstbefreiung" sei. Es habe immer an *dem* Schriftsteller gefehlt, zu dem man aufblicken konnte. Aus Ibsens Bemerkungen sei jedoch herauszulesen gewesen, so Hofmannsthal irritiert, dass er ganz konkret „eine Vereinigung junger Künstler“ in Wien erwarte. Das Missverständnis war Ibsen wohl kaum zu verübeln, sprach der junge Dichter doch von „uns Jungen in Wien“ und ließ damit auf ein Zusammenhörigkeitsgefühl eines Kreises schließen.[151]

Es war ein Missverständnis zwar, und doch sollte das, was sich Ibsen für Wien erhoffte, das, was sein Erscheinen bereits in Berlin angestoßen hatte, Realität werden: eine Wiener Vereinigung junger Künstler.[152]

Wiener Freie Bühne, Verein für moderne Literatur

Ibsens Auftritt in Wien gab der modernen Literatenszene mächtig Auftrieb. Sie hatte sich zum ersten Mal öffentlich präsentiert, nun also sollte ein Verein her, der das Programm der modernen Autoren breitenwirksam zu vertreten hätte. Am 7. Juli 1891 wurde im Souterrain-Lokal des Hôtel de France am Schottenring die „Wiener Freie Bühne, Verein für moderne Literatur“ ins Leben gerufen. Drahtzieher der Gründungsaktion war wiederum der Journalistenkreis der *Modernen Rundschau*, was sich auch an der Postenbesetzung bemerkbar machte. So wurde

Das Hôtel de France am Schottenring, vor 1905.

etwa Friedrich Michael Fels, Redakteur der Zeitschrift, als Obmann des Vereins gewählt. Allein die namentliche Anlehnung an die „Freie Bühne“, den von Otto Brahm 1889 in Berlin gegründeten Theaterverein (nach dem Vorbild des Pariser Théâtre Libre), ließ für die Beobachter keinen Zweifel offen. Dies war ein Verein, der dem Vorbild der Naturalisten in Berlin folgen sollte.

Dem Ausschuss gehörten neben Pernerstorfer auch Schnitzler, Salten sowie überraschend Dr. Hugo August Peter von Hofmannsthal an, der Vater des Dichters, wohl eigentlich in Vertretung des minderjährigen Sohnes. In einem Brief an Beer-Hofmann Anfang Juli aus seinem Sommerfrische-Domizil Bad Fusch konnte sich der junge Hofmannsthal einen spöttischen Seitenhieb nicht verkneifen: „Wie komisch sich von hier, 1143 m über der Meeresfläche, Barometerstand 674, der Ausschuß der ‚Wiener freien Bühne‘ ausnimmt, davon können Sie dort unten sich gar keine Vorstellung machen. Sie sitzen noch zu nah. Aber rücken Sie einmal weg. So. Und jetzt schauen Sie: ein Journalist, noch ein Journalist, mein armer Papa, Ur-Hjalmar Pernerstorfer, Anatol mit den Lackschuhen, Salten mit dem Congreßkopf, dann ein Journalist und wieder ein Journalist. Die ganze Actiengesellschaft von Mont-Oriol“,[153] heißt es in Anspielung auf Guy de Maupassants 1887 erschienenen Roman. Die Bürokratie und das starke Übergewicht an Journalisten, die sich hier tummelten, machten ihm, und im Übrigen auch Schnitzler, den Verein suspekt.[154]

Im Oktober 1891 jedenfalls kam es zur ersten öffentlichen Veranstaltung des Vereins. Auf dem Programm standen Lesungen von Gedichten mehrerer Autoren, so auch von Schnitzler und dem in der Szene hochgejubelten Felix Dörmann. Auch wenn knapp 240 Besucher erschienen waren, erwies sich die Veranstaltung nicht gerade als bahnbrechend. „Viel Beifall, unbedeutender Abend“,[155] kommentierte Schnitzler unterkühlt: Abgerundet wurde die Veranstaltung durch einen Vortrag des Vereinsobmanns, der dem Abend noch die nötige programmatische Schärfung verpassen sollte. Doch diese blieb aus. Fels, selbst ein glühender Naturalist, unterließ es wohl aus taktischen Gründen, den Verein öffentlich unter die Herrschaft des Naturalismus zu stellen. Konsequent wolle der Verein nur „in der großen Inkonsequenz" sein, der Verein wolle sich auch „neuidealistischen, symbolistischen oder impressionistischen" Strömungen nicht verschließen.[156] „Naturalistisch" sei er trotzdem, hätte sich der Begriff ja letztlich als Synonym für „modern" bewährt. Diese Position hatte freilich nichts mehr mit dem Naturalismus Berliner Fasson zu tun.[157]

Fels bekannte sich zur Offenheit und löste damit erst recht eine Diskussion unter den Mitgliedern aus, wofür denn der Verein und die Wiener Literaturszene eigentlich stünden. Pernerstorfer, Hermann Fürst und Heinrich Osten, Mitherausgeber der Wiener Literaturzeitschrift *Neue Revue*, zogen die Konsequenz und traten aus dem Verein aus. Den Parteigängern des Naturalismus waren die Zugeständnisse an die Fraktion der Dekadenten und Ästhetizisten – „heute Soziales und morgen Individualistisches" – wohl einfach zu weit gegangen. Es reichte. Fels hatte sich verkalkuliert.

Die Maeterlinck-Aufführung

So euphorisch die Feuertaufe des Vereins vorgenommen worden war, Ende 1891 bereits lag der Generalversammlung ein Antrag auf Auflösung vor. Es war einiges schiefgelaufen. Mangelnde finanzielle Mittel, stagnierende Mitgliederzahlen, dürftiges Publikumsinteresse. Fels bedauerte die „gewöhnliche Teilnahmslosigkeit" des Wiener Publikums, das allem Neuen, Unerprobten grundsätzlich ablehnend gegenüberstehe. Auch habe dem Unternehmen schlichtweg der „Tyrann" gefehlt. Von den fünfzehn Köpfen des Ausschusses wolle ein jeder sein eigenes Programm mitbringen. Erschwerend kam noch hinzu, dass dem Unternehmen mächtiger Gegenwind vonseiten der Wiener Presse entgegenblasen hatte.[158]

Das vorzeitige Ende des Vereins konnte jedoch abgewehrt werden. Anfang 1892 wurde er auf Initiative von Hermann Bahr in „Verein für modernes Leben" umbenannt. Viel änderte sich nach außen hin nicht – das Programm sollte auf andere Kunstformen, auf Musik und die bildende Kunst erweitert werden, Theateraufführungen wurden nun nicht mehr explizit angestrebt. Und dennoch ging mit der Umbenennung, wie die erste Veranstaltung der umgeformten Freien Bühne zeigte, eine gänzliche Neuausrichtung einher.[159]

Es war nun die große Stunde des Hermann Bahr gekommen. Der Schriftsteller war im April 1891 nach Wien zurückgekehrt, vorläufig nur für knapp einen Monat, denn danach, bis zum Spätherbst, lebte er bei seinen Eltern in Linz, wo er an seinem zweiten Roman „Neben der Liebe" schrieb. Die Versuche, die Literatur in Wien zu institutionalisieren, bekam er also nur aus der Distanz mit. Seine Version der Geschichte der Anfänge der modernen Wiener Literatur, vom Ibsen-Bankett zur Vereinsgründung, die er später etwas wichtigtuerisch erzählte, ist umso erstaunlicher: „Damit war Jung-Österreich öffentlich erschienen. Aus den Händen Ibsens übernahm ich es".[160] Nachdem sich Bahr entschieden hatte, Wien zu seinem längerfristigen Wohnsitz zu machen, sollte er federführend bei den zukünftigen Aktivitäten des Vereins mitwirken.

Die Vorbereitungen der ersten Veranstaltung unter Bahrs Kommando waren von einer ganzen Reihe von Komplikationen begleitet. Im Mai 1892 wurde Maurice Maeterlincks „L'Intruse" (*Der Eindringling*) im Theater in der Josefstadt aufgeführt. Der Plan dazu wurde bereits im Februar gefasst, ursprünglich war beabsichtigt, das Stück „Les Aveugles" (*Die Blinden*) des belgischen Dichters zusammen mit Schnitzlers „Abschiedssouper" aus dem Anatol-Zyklus und Beer-Hofmanns Pantomime „Pierrot Hypnotiseur" am Rudolfsheimer Volkstheater aufzuführen. Der Plan wurde, wohl auf Wunsch von Bahr, Anfang März geändert, Schnitzlers und Beer-Hofmanns Stücke fielen aus dem Programm. „Man kam mit dem fait accompli zu uns, das freilich meinen

Maurice Maeterlinck, um 1905.

Beifall nicht hat", zeigte sich Schnitzler in einem Brief an Beer-Hofmann empört. Nicht weniger verärgert zog sich bald Hofmannsthal aus dem Unternehmen zurück. Er war mit der Übersetzung von „Les Aveugles" betraut worden, während Ferry Bératon, auf den Bahr bekanntlich große Stücke hielt, „L'Intruse" ins Deutsche übertragen sollte. Dass auf der Ankündigung des Theaterabends am 11. April dann auch noch Bératon als Mit-Übersetzer von „Les Aveugles" genannt war, ärgerte Hofmannsthal fürchterlich, denn es würde damit der Eindruck entstehen, Bératon, den Hofmannsthal nicht ausstehen konnte, hätte es auch für die Korrektur seiner Übersetzung gebraucht. Hofmannsthal zog sich zurück, der Theaterabend wurde verschoben.

Dann waren da noch finanzielle Hürden. Als es darum ging, die Schauspieler und die Theatermiete für die neu festgelegte Aufführung zu bezahlen, bemerkten Bahr und Bératon, der Regie führen sollte, dass sie „beide zusammen nicht zehn Gulden bar" in der Tasche hatten. Ein Spendenaufruf unter den Vereinsmitgliedern sollte den Veranstaltern aus der Patsche helfen; auch Hofmannsthal und Schnitzler, beide verdrossen, spendeten 10 Gulden.[161]

Das Wirrwarr um die Aufführung jedenfalls fand so schnell kein Ende. Als der Theaterabend dann endlich stattfinden sollte, erschien kurz vor Beginn der Veranstaltung die Polizei und verhängte ein Verbot. Man hatte vollkommen darauf vergessen, das Stück bei der Zensur vorzulegen. „So frei aber, daß man Stücke aufführen konnte, ohne daß der Zensor sie vorher gelesen hatte, so frei war damals keine noch so ‚Freie Bühne'", so Felix Salten, der gestand, für den Schlamassel ver-

Volkstheater Rudolfsheim in Schwenders Colosseum, um 1900.

antwortlich gewesen zu sein: „Mir war die Aufgabe zugewiesen, die Bücher der Zensur zu übergeben und ich hatte das ganz vergessen. ‚Auf unhörbaren Sohlen' entwich ich aus dem Theater und entzog mich den stürmischen Vorwürfen."[162] Das polizeiliche Verbot sollte der Unternehmung überraschend gute Dienste leisten. Es weckte ein derart großes öffentliches Interesse an dem Theaterabend, dass der kleine Saal des Rudolfsheimer Volkstheaters dem Andrang des spektakellüsternen Wiener Publikums nicht mehr gewachsen war und man schließlich in die Josefstadt übersiedeln musste. Dort ging die Aufführung Mitte Mai schließlich über die Bühne, im Anschluss an eine Conférence, eine Einführung nach französischem Vorbild, in der Hermann Bahr die Werbetrommel für den „Symbolismus", die „heimliche Nervenkunst" rührte.

Der Theaterabend in der Josefstadt spaltete das Publikum, „der Widerspruch der ‚Ungläubigen' war mindestens so lebhaft wie der Beifall der Anhänger", heißt es im *Magazin für Literatur.*[163] Dass das Stück auf Kritik stieß, war keinesfalls verwunderlich. Bereits im Mai des Vorjahres, als Bahr am Tisch im Griensteidl zum ersten Mal über Maeterlincks Dramen referierte, so zeigt ein Gesprächsprotokoll Hofmannsthals, war eine hitzige Diskussion ausgebrochen. Gustav Schwarzkopf kritisierte, „Les Aveugles" seien zwar „meisterhafte Skizzen", aber doch kein „Stück", weil es das Publikum „nie soweit bringen werde", das heißt wohl, weil es das Publikum gemäß den gängigen Theaterkonventionen nicht als „Stück" akzeptiere.[164]

Die französische Avantgarde des 19. Jahrhunderts sah keinen Sinn darin, das Publikum mit Spannung und Handlung auf der Bühne bei der Stange zu halten, die „Aktion" sollte zugunsten einer hohen lyrischen Sprache aus dem Bühnenraum entfernt werden, der Dialog dem Monolog weichen. Der Einwand gegen das Theater des Symbolismus, den Schwarzkopf hier vorbrachte, war nicht neu. Stéphane Mallarmé hatte die Kritik an seinen Versuchen, das Theater zu revolutionieren, einst selbst hart getroffen. Théodore de Banville hatte ihm gegenüber angeregt, aus finanziellen Gründen anstelle von Gedichten ein Stück zu schreiben, dass auf den Geschmack eines breiteren Publikums ausgerichtet sein sollte. Mallarmé schrieb dann ausgerechnet ein szenisches Gedicht, das Banville missfallen musste: „Die Verse meines Fauns haben unendlich gefallen, doch de Banville und Coquelin haben darin nicht die nötige Handlung gefunden, nach der das Publikum verlange, und sie haben mir gegenüber zum Ausdruck gebracht, daß dies nur die Dichter interessiere",[165] so Mallarmé enttäuscht in einem Brief an den Dichter und Dramatiker Théodore Aubanel. Aus dem Drama wurde schließlich ein Gedicht, vielleicht das bekannteste des Symbolismus überhaupt: „L'Après-midi d'un faune" (Der Nachmittag eines Fauns). Die Errungenschaften der Symbolisten jedenfalls, die auch Hofmannsthals lyrische Dramen „Gestern", „Der Tod des Tizian"

k.k. priv. Theater in der Josefstadt

Direction: Th. Giesrau

Montag den 2. Mai 1892.

Symbolistischer Abend

des

„Verein für modernes Leben".

Zuerst:

Conférençe über Maurice Maeterlinck

und seine Schule

von Hermann Bahr.

Hierauf:

Der Einschleicher.

(L'intruse.)

Von Maurice Maeterlinck, übersetzt und in Scene gesetzt von Ferri Bératon.

Der Großvater (blind)	Max Pollandt (vom Deutschen Volkstheater als Gast).
Der Vater	Gustav Lechner (vom Carltheater a. G.)
Der Onkel	Carl Fels
Beate, die Töchter	Blanka Winkler
Gertrude, die Töchter	Käthe Eigner
Genofeva, die Töchter	Gusti Forst
Die Magd	Adele Hartwig
Eine barmherzige Schwester	Emilie Rauch

Die Handlung spielt in einem Schlosse.

Anfang präcise 8 Uhr Abends. Ende halb 10 Uhr.

Theaterzettel „L'intruse" von Maurice Maeterlinck am Theater in der Josefstadt, 1892.

und „Der Thor und der Tod“ beeinflusst hatten, waren vom bildungsbürgerlichen Publikum nur wenig wohlwollend aufgenommen worden; zu sehr war dessen Geschmack am Theater der Klassik und des Bürgerlichen Realismus geschult.

Die Maeterlinck-Aufführung wurde zum „Scheidepunkt in der Genesis des Jungen Wien“.[166] Die junge Wiener Literatenszene war danach vollkommen in zwei Lager gespalten. Da war einerseits der naturalistische Flügel, der sich schrittweise aus den Aktivitäten der „Freien Bühne“ zurückgezogen hatte, Edmund Wengraf, der neben Karl Kraus zu einem Hauptkontrahenten des Jungen Wien werden sollte, außerdem die naturalistisch gesinnten Herausgeber und Redakteure der *Modernen Rundschau*, Kafka, Joachim, Kulka und Fels. Die Zeitschrift, von der in dieser allerfrühesten Zeit so viele Aktivitäten ausgegangen waren, musste bereits Ende 1891 eingestellt werden und gab damit, wie Bahr spöttisch bemerkte, „ihre sechs Abonnenten“ an die *Freie Bühne* in Berlin ab. Offiziell sprach man vom Zusammenschluss der beiden Blätter. In der Berliner Zeitschrift jedenfalls hatte Friedrich Michael Fels in einer Besprechung der Maeterlinck-Aufführung unmissverständlich zum Ausdruck gebracht, was er von den gegenwärtigen Entwicklungen in Wien hielt. Er sei enttäuscht, dass die Gruppe des Jungen Wien nun „den Sturmschritt eingeschlagen hat, immer mutig hinter Hermann Bahr her“, und dass der „Naturalismus hier für gänzlich unfein und unmodern, für ein längst Ueberwundenes gilt“.[167]

Das also war das andere Lager, die Gruppe, die sich vom Naturalismus abgewandt hatte: Hofmannsthal, Schnitzler, Beer-Hofmann, Salten und deren streitlustiges Sprachrohr Hermann Bahr. Sie waren es, die die Szene der modernen Literatur in Wien in den nächsten Jahren dominieren sollten.

4

Hübsche Möbel und überfeine Nerven

„Die Herrschaft des Naturalismus ist vorüber, seine Rolle ist ausgespielt, sein Zauber ist gebrochen."[168] Mit dieser unmissverständlichen Ansage lässt Bahr seinen Aufsatz „Die Überwindung des Naturalismus" von 1891 beginnen, der wieder einmal bestätigte, was bereits über Wien hinaus bekannt war: Bahr war ein Meister darin, mit seinen Essays – die gesammelt in den Bänden „Zur Kritik der Moderne" (1891) und „Die Überwindung des Naturalismus" (1892) erschienen – den Zeitgeist auf Schlagwörter zu kondensieren und einer breiteren Öffentlichkeit zu vermitteln. Es zeigte sich, dass er die Außenwahrnehmung des Schriftstellerkreises damit massiv prägte. Das Bild einer homogenen Gruppe, die ästhetisch gemeinsame Ziele verfolgte und sich als Antwort auf das „Junge Deutschland" positionierte, ging deutlich auf seine publizistischen Strategien zurück. Zweifellos also verdankte das Junge Wien Hermann Bahr sein „Image"; es musste allerdings so auch der Eindruck entstehen, dass Bahr der Anführer der Gruppe war und dass Beer-Hofmann, Hofmannsthal, Salten und Schnitzler im „Sturmschritt" immer brav hinter ihm hermarschierten. Davon kann natürlich keine Rede sein, handelte es sich beim Jungen Wien doch um einen Kreis eigenständiger Schriftstellerpersönlichkeiten – das Junge Wien blieb ohne Programm.[169]

Bahrs Aufsatz „Die Moderne", der bereits 1890 in der allerersten Ausgabe der *Modernen Dichtung* erschienen war, hatte schon angekündigt, noch ohne viel Staub aufzuwirbeln, wohin er die Literatur in Wien

Das erste Heft der „Modernen Dichtung" vom 1. Januar 1890 mit einer Fotografie von Michael Georg Conrad.

eigentlich führen wollte. „Wir haben kein anderes Gesetz als das der Wahrheit, wie jeder sie empfindet",[170] heißt es darin programmatisch. Die naturalistische Forderung nach der Wahrheit ist hier zwar noch ernst genommen, der Begriff jedoch erfährt eine Umdeutung: Wahrheit ist nicht mehr etwas objektiv Gegebenes, sondern erschließt sich nur mehr subjektiv auf der Ebene der Psyche.

Die Naturalisten vertraten noch einen emphatischen Wahrheitsanspruch, im Anschluss an den französischen Kulturkritiker, Philosophen und Historiker Hippolyte Taine, der den Menschen schon 1863 als gesetzmäßig bestimmt sah, nämlich durch Vererbung, Milieu und historische Situation.[171] Zumeist war es das Schicksal gesellschaftlicher Außenseiter, das man im Naturalismus mit naturwissenschaftlichem Ethos abbilden wollte. Dabei galt: „Kunst = Natur – X", eine Formel, die der Berliner Dichter und Dramatiker Arno Holz aufgestellt hatte, wobei das X, die Einwirkung des Autors und seine künstlerischen Mittel, möglichst klein zu halten seien.[172] Der Autor lieferte in den Augen der Naturalisten mit seiner Persönlichkeit, Subjektivität und Individualität doch nur lästige Nebengeräusche.

Bahr ging es nunmehr um etwas völlig anderes. Er wollte eine Beschäftigung mit der Seele, der Psyche, dem Dunklen und Versteckten anregen, die in der Literatur des Naturalismus vernachlässigt worden seien. Nicht mehr die äußere Wirklichkeit als solche sollte die Literatur interessieren, sondern nur, welche „subjektiven" Empfindungen diese hervorriefe. Die Persönlichkeit sei vielfältig und wandelbar, der Mensch kompliziert und wechselnden Launen ausgesetzt, und deshalb kaum auf die drei deterministischen Größen reduzierbar.

Von Aufsatz zu Aufsatz forderte Bahr in immer unverblümterer Weise, dass der moderne Dichter, jenseits der gängigen Vorstellungen von Selbsterkenntnis, das eigene Ich erforschen müsse. Dies habe ihm die Lektüre der Werke Joris-Karl Huysmans offenbart, eines der Chefköche der französischen Décadence, der mit seinem Roman „À rebours" (*Gegen den Strich*) ein absolutes Kultbuch geschaffen hatte. Der Dichter

Hermann Bahr in Berlin, Februar 1891.

solle sich daranmachen, nach dem zu suchen, „was sich der Selbsterkenntnis und darum der Beichte entzieht“, nämlich nach den „Erscheinungen auf den Nerven und Sinnen, noch bevor sie in das Bewußtsein gelangt sind, in dem rohen und unverarbeiteten Zustand“.[173] Die „Psycho-Analyse“ lag schon in der Luft.

Das also war die Moderne der Jung Wiener: Jede Regung ihrer reizbaren Nerven sollte, noch bevor sie der berechnenden Rationalität in die Fänge geriet, feinfühlig registriert werden; man betrieb „Anatomie des eigenen Seelenlebens“, wie Hofmannsthal in seinem berühmten Essay über den italienischen Symbolisten Gabriele D'Annunzio schreibt. „Stimmung“ und „Sensationen“ – so nannte man die Empfindungen, die von Sinnesreizen ausgelöst wurden – waren bald in aller Munde, und immer wieder ging es um „Nerven, Nerven, Nerven“.[174]

Die Autoren zergliederten nach Herzenslaune sich selbst, aber auch ihre Umgebung. Bei einem gemeinsam Spaziergang ließ Hofmannsthal Schnitzler wissen, heute liege etwas in der Luft „von der Stimmung des Ehemanns, der im 3. Jahre der Ehe erkennt, daß seine Frau doch nicht so ist, wie er sich einbildete“. Schnitzler war „frappirt“.[175] Soweit sich so etwas für eine Novelle anbot, kamen ihnen auch die beklemmendsten Stimmungen nicht ungelegen. Den geplanten Besuch des Grabes seines unehelichen Kindes, das noch im Säuglingsalter verstorben war, kommentiert Salten: „Musste ich gleich daran denken, wie prachtvoll das alles für die Novelle passt."[176] Schauen, fühlen, erleiden und schreiben ging hier Hand in Hand, Literatur und Leben vermischten sich – bis an die Grenze des Erträglichen. Man wollte modern sein.

Ein „moderner" Stimmungsmensch par excellence ist Andrea, der Protagonist in Hofmannsthals Einakter „Gestern", den er unter seinem zweiten Pseudonym Theophil Morren in der *Modernen Rundschau* veröffentlichte. Andrea führt ein hedonistisches Leben in seinem luxuriösen Anwesen in Imola zur Zeit der Spätrenaissance. Er ist süchtig nach Stimmung, kostet jede Sensation und jede Empfindung aus, geht jeder Laune nach. Was ihn antreibt, ist das „freie Spiel der freien Triebe", für ihn gilt nur das Hier und Jetzt, der schöne Augenblick. Sicher ist er sich vor allem der Überzeugung, dass die Vergangenheit keine Macht über die Gegenwart hat: „Das Gestern lügt und nur das Heut ist wahr!", lautet seine Lebensmaxime, doch als Arlette, seine Freundin, ihm beichtet, sie habe ihn „gestern" mit seinem engsten Freund betrogen, wird ihm bewusst, wie leicht seine Lebenshaltung doch zu erschüttern ist.[177]

Anatol, der namensgebende Protagonist von Schnitzlers bekanntem Einakterzyklus, ist Andreas Bruder im Geiste. Anatol ist eine typische Figur der Wiener Jahrhundertwende, er ist wohlhabend, hat keinem Beruf nachzugehen und verliert sich in einem unübersichtlichen Gemenge von Affären. Seine Liebeleien bedeuten ihm wenig, solange er sich sicher sein kann, von seinen Geliebten umworben zu werden. Das Episodische des Einakterzyklus charakterisiert auch die Lebenshaltung des Protagonisten, der bindungslos und ohne Gefühl für Zusammenhänge lebt. Als Dekadenter legt er besonderen Wert auf das passende Ambiente, auf Farben, Licht und Musik, wie er in „Episode", der als zweite entstandenen Szene des Zyklus (Ende 1888), seinem Freund Max erklärt:

MAX Und worin löst sich für dich das Rätsel der Frau?

ANATOL In der Stimmung.

MAX Ah – du brauchst das Halbdunkel, deine grün-rote Ampel … dein Klavierspiel.

ANATOL Ja, das ist's. Und das macht mir das Leben so vielfältig und wandlungsreich, daß mir eine Farbe die ganze Welt verändert.[178]

Anatol ist sich sicher, speziell dazu befähigt zu sein, die Stimmung des Augenblicks vollkommen auszukosten, er würde emphatisch „erleben", während andere, wie sein Freund Max, nur „leben" würden: „Aus meiner Seele, aber, ja, aus mir heraus blitzen tausend Lichter und Farben drüber hin, und ich kann empfinden, wo ihr nur – genießt!"[179] Frauen dienen Anatol nur als Stimulantien für die perfekte Stimmung, sie sind für ihn schmückende Objekte und unterscheiden sich damit kaum von seinem schmucken Mobiliar, den parfümierten Tapeten und Perserteppichen. In „Episode" begibt er sich in die Wohnung seines Freundes Max, wo er ein Paket mit Souvenirs seiner Verflossenen (Liebesbriefe, Blumen, Haarlocken) deponiert, denn er hat den Plan gefasst, der Stadt auf unbegrenzte Zeit den Rücken zu kehren. Beim Durchstöbern kommt ihm die Erinnerung an die Zirkusreiterin Bianca, die unsterblich in ihn verliebt war, so ist er sich sicher. Als Bianca kurz darauf unvermutet erscheint – der Zirkus macht Halt in der Stadt –, erkennt sie den Lebemann nicht wieder. Anatol rauscht tief gekränkt ab, Bianca bleibt nur der Hinweis auf die Episodenhaftigkeit ihrer Liebe: „Man kann sich ja doch nicht an alles erinnern."[180]

Schnitzler sollte zu seinem Ärger und Unverständnis bald schon gleichgesetzt werden mit jener Person, deren Name ihm bei seinen allerersten Publikationen noch als Pseudonym gedient hatte – „Anatol".

Im Oktober 1892 (vordatiert auf das Jahr 1893) jedenfalls erschien der Zyklus auf Schnitzlers eigene Rechnung im „Verlag des Berliner Bibliographischen Bureau". Es hatte sich als nicht gerade einfach erwiesen, für die anrüchig erscheinenden Einakter einen Verlag zu finden, nicht nur S. Fischer hatte abgelehnt. Hofmannsthal jedenfalls steuerte den Prolog bei, der jedoch in eigentümlicher Beziehungslosigkeit zu den Einaktern steht, schon die lyrische Sprache des Prologs hat wenig mit dem lockeren Konversationston in den Einaktern zu tun. Vielleicht auch deshalb, weil die Autoren verschiedene, stilistisch höchst unterschiedliche Wege gingen, blieb dies eine der ganz wenigen Kooperationen zwischen den Schriftstellern des Jungen Wien.

Cover von Arthur Schnitzlers „Anatol"; Ausgabe des S. Fischer Verlags mit Illustrationen von Moritz Coschell, 1901.

Hofmannsthals Prolog ist im Wien des Veduten-Malers Canaletto, in der Zeit des Rokoko angesiedelt. Im Schlossgarten des Belvedere, inmitten des vergnüglichen Gesellschaftstreibens der Wiener Aristokratie, wird eine Laube dekoriert, die als Bühne für ein hypermodernes Schauspiel dienen soll. Auf dem Programm steht die „Komödie der Seele", der impressionistischen Stimmungen und des „heimlichen Empfindens".[181] In dieser weltentrückten Bühnenwelt sind den Figuren Traum und Wachzustand, Überalltägliches und Alltag, Gegenwart und Vergangenheit eins. Hofmannsthal liefert nicht nur die Stichworte für die anschließenden Einakter um Schnitzlers Lebemann Anatol, er gewährt auch einen Einblick in das künstlerische Klima des Jungen Wien.

Was an dem Schlossgarten, in dem das illustre Treiben vor sich geht, so charakteristisch ist – „Hohe Gitter, Taxushecken"[182] –, grenzte ihn von der Außenwelt ab. Die fröhliche Weltabgewandtheit des Adels

„Wien, vom Belvedere aus gesehen“ von Bernardo Bellotto, gen. Canaletto, zwischen 1758–61; Öl auf Leinwand.

Mitte des 18. Jahrhunderts, die Hofmannsthal im Prolog darstellt, steht symbolisch für die Abgeschiedenheit der Kunsträume um 1900.

Sie machen es vor, die Wortführer des Ästhetizismus aus Frankreich und England, der Dekadente Charles Baudelaire, der Dandy Oscar Wilde, der Präraffaelit Algernon Charles Swinburne und Stefan George, der Symbolist aus dem Rheinland: Im kunstvoll, vor allem künstlich angelegten Garten huldigen sie dem Schönen, das so wenig wie möglich mit dem gemeinen Leben „da draußen“ zu tun haben soll. „Die Natur ist häßlich. Die Kunst ist Flucht aus der Natur“. So bringt Hermann Bahr in einem Essay von 1894 die Philosophie der „Décadence“ auf den Punkt.[183]

„Flucht aus der Natur“ meint hier auch Flucht aus dem Leben. Literatur solle sich nicht mit dem realen, gemeinen, alltäglichen Leben abgeben und sich schon gar nicht um Politisches scheren. Im Schönen liege der höchste Wert, war man sich unter den europäischen Ästhe-

Oscar Wilde, New York, 1882.

ten einig, *l'art pour l'art*, die Kunst um der Kunst willen, lautete die Devise. Für die Fürsprecher einer sozialkritischen Literatur eine offene Provokation.

Gerade Bahr und Hofmannsthal kokettierten allzu gerne mit dieser Philosophie. „Ich glaub' immer noch, daß ich imstand sein werde, mir meine Welt in die Welt hineinzubauen", so Hofmannsthal in einem Brief an Beer-Hofmann Mitte Mai 1895. Er war sich sicher, dass man in einem „dämonischen Grad" lernen müsse, „sich um unendlich viele Angelegenheiten und Dinge nicht zu bekümmern."[184] Die antisozialen Untertöne sind hier deutlich hörbar. Der Kaufmannssohn in Hofmannsthals „Märchen der 672. Nacht", Erwin in Leopold von Andrians „Garten der Erkenntnis" oder die Hauptfigur Paul in Beer-Hofmanns „Der Tod Georgs" – sie alle wollen ein Leben in Schönheit und für die Schönheit leben und ziehen sich dabei gerne in ihre kunstgesättigten Gärten oder exklusiv ausgestatteten Interieurs zurück. Und doch, die Faszination für den Ästhetizismus ging bei den Jung Wiener Autoren von Anfang an mit der Kritik am Ästhetizismus einher. Hofmannsthal, Andrian und Beer-Hofmann lassen ihre Charaktere scheitern, bestrafen sie für ihre Lebenshaltung mit dem Tod, oder bewegen sie dazu, ihren „Schönheitswahn“ zu überwinden. In der Spätphase des Ästhetizismus, in der die Jung Wiener zur Feder griffen, scheint ein uneingeschränktes Gutheißen des schönen Scheins nicht mehr angebracht.

„Vom Nutzen und Nachteil der Historie für das Leben“

Während also „draußen das rasselnde, gellende, brutale und formlose Leben“ rolle, würden die Ästheten ihre Tage in den Kunstkammern und Schätzhäusern, den Museen ihrer Großstädte verleben.[185] Hofmannsthal spricht in seinem Swinburne-Essay zwar über die englischen Ästhetizisten der 80er-Jahre, jedoch sollte die historische Kultur für ihn und das Junge Wien nicht weniger prägend sein. Es ist die Zeit des Historismus, die sich nirgends so hartnäckig und lange gehalten hat wie in Österreich.[186] Das Wien der Jahrhundertwende, in das die Autoren hineingeboren wurden, sei das reinste Museum gewesen, so der Schriftsteller Hermann Broch in seiner Studie über „Hofmannsthal und seine Zeit“. Die Stadtväter hätten seiner Meinung nach Kultur mit „Museumshaftigkeit“ verwechselt.[187]

Tatsächlich begann Ende des 19. Jahrhunderts ein regelrechter Ausstellungs- und Museumsboom: 1886 wurde das Historische Museum im Wiener Rathaus eröffnet und fünf Jahre später das Kunsthistorische Museum; im Anschluss an die ambitionierte Weltausstellung 1873 – ein finanzieller Flop – fanden zahlreiche Ausstellungen in der dafür erbauten Rotunde im Prater statt, die 1937 einem Großbrand zum Opfer fiel. Die nostalgiebehaftete „Internationale Ausstellung für Musik- und

Theaterwesen" 1892 sollte bei Hermann Bahr und Hofmannsthal einen bleibenden Eindruck hinterlassen.

Was Broch aber eigentlich meinte, war das stadtplanerische Großprojekt der Wiener Ringstraße, das so manchem Bewohner den Eindruck vermittelte, man wolle hier ein Freilichtmuseum errichten. Der Spatenstich zum Bau der Staatsoper, dem ersten Gebäude der Wiener Ringstraße, erfolgte am 16. Dezember 1861. Bis zum Bauabschluss des 200 Meter langen, neunhöfigen Kriegsministeriums im Jahr 1913 wurden hier knapp 850 Gebäude aus dem Boden gestampft. Darunter waren auch zahlreiche Repräsentationsbauten, deren historistische Fassaden symbolisch auf die großen Epochen der Kulturgeschichte Bezug nahmen.

Zur Zielscheibe der Kritik wurde neben der historistischen „Stillosigkeit"[188] auch die leere Dekorativität der Fassaden. Die Ornamente,

Rotunde im Wiener Prater, um 1895.

die das Äußere der Bauten schmückten, wurden verdächtigt, nur Zierde zu sein. Der Historismus war zweifellos die Blütephase der Dekorationssucht. Hans Makart stieg zum „Malerfürsten" auf, schuf pompöse Historiengemälde und gestaltete anlässlich der Silbernen Hochzeit des Kaiserpaares 1879 einen ebenso pompösen Festzug entlang der Ringstraße, für den über 2000 Teilnehmer in Renaissancetrachten schlüpften. Ganz Wien war in einen Farben- und Bilderrausch versetzt.

Makart sollte wie kein anderer das ästhetische Geschmacksempfinden von Aristokratie und Bürgertum der Zeit prägen. Das lässt sich auch an der überladenen Ausgestaltung städtischer Interieurs ablesen, die neben der Wiener Ringstraße für so manch spitzzüngigen Architekturkritiker zum favorisierten Feindbild wurde. Der Schriftsteller

Parlament mit Rathaus und Burgtheater im Bau, um 1882.

Richard Schaukal urteilte, die Wiener Wohnungen und Salons seien eine „Mixtum-Komposition aus den Exkrementen einer mit unverdauter ,Historie' überfütterten ,Dessin'-Speicherphantasie".[189] Ornamentkritiker Adolf Loos lässt grüßen.

Hans Makart als Peter Paul Rubens beim Festzug zu Ehren der Silberhochzeit des österreichischen Kaiserpaares 1879.

Dass das kulturelle Ambiente des Historismus auch auf die Werke der Jung Wiener einwirkte, mag nicht weiter überraschen. Gerade Hofmannsthal grübelte unaufhörlich über „Nutzen und Nachteil der Historie für das Leben", wie, durchaus passend, der Titel einer Schrift Friedrich Nietzsches lautet. Die überbordende Historie erschien ihm einerseits belastend. Der Schriftsteller wurde das Gefühl nicht los, dass das historistische 19. Jahrhundert, an dessen Endpunkt sie nun standen, ihnen vor allem eines überliefert hatte: „hübsche Möbel und überfeine Nerven". Solch eine historistische Wohnung konnte sich schnell zur „Rumpelkammer voller totem Tand"[190] auswachsen, wie Hofmannsthal in seinem lyrischen Drama „Der Tor und der Tod" zeigt. Erbverwalter der Literatur- und Kulturgeschichte zu sein, war ihnen, den „Spätgeborenen", wie Hofmannsthal sich selbst und die Angehörigen seiner Generation sah, zur Bürde geworden. Nur nicht Epigonen, Nachfahren und Nachahmer, bloß keine Zitatensammler wollten sie sein, wie er in seinem Gedicht „Gedankenspuk" klagt.

Die Allgegenwärtigkeit der Geschichte war jedoch Fluch und Segen zugleich. Hofmannsthals Inspiration entzündete sich nicht selten an vergangenen Dingen, sogar „nebensächlichen Kleinigkeiten der Culturgeschichte", wie sie ihm auf der „Internationalen Ausstellung für Musik- und Theaterwesen" 1892 im Wiener Prater ins Auge fielen: „ein geschmackloser englischer Kupferstich von 1824 oder ein inhaltloser Privatbrief, der vergilbt ist und nach Alter riecht, erfüllt mich oft mit einer undefinierbaren, lächerlichen, unvernünftigen Sehnsucht nach dem Kleinen, Altmodischen, der deutschen Kleinstadt, dem Vergangenen."[191] Mit Vorliebe verlegte er die literarische Handlung seiner Werke in eine entrückte Vergangenheit; die lyrischen Dramen „Gestern" (1890) und „Der Tod des Tizian" (1892) sind in der Zeit der Renaissance angesiedelt, „Der Tor und der Tod" (1893) in der Kongresszeit und „Die Hochzeit der Sobeide" (1898) im alten Persien; der von Richard Strauss vertonte „Rosenkavalier", für den er das Libretto schrieb, spielt „im ersten Jahrzehnt der Regierung Maria Theresias". Hofmannsthal verfügte – wie die Architekten der Ringstraße – frei über die Kulturepochen, über Antike, Renaissance, Barock und Biedermeier.[192]

Im September 1892, als Hofmannsthal im Anschluss an seine Matura gerade eine Reise mit seinem französischen Privatlehrer Gabriel Dubray unternahm, lag der „Rosenkavalier", der ihn weit über den deutschsprachigen Raum hinaus bekannt machen sollte, noch in weiter Ferne. Was der Dichter zu diesem Zeitpunkt jedoch schon fühlte, war, dass sein Wesen und seine Produktivität ganz wesentlich mit der historistischen Welt der Museen und Bibliotheken zu tun hatten. Es sei ihm nicht möglich, ganz in die ungeheure Landschaft Frankreichs, des Rhônetals, der Provence und der Camargue einzutauchen, ganz den Moment zu leben, beklagte er gegenüber seinem engen Freund Karg von Bebenburg, einem vielgereisten Seekadetten: „Ich sehe mir selbst Leben zu und was ich erlebe, ist mir wie aus einem Buch gelesen". Worauf Hofmannsthal für seine intensive Auseinandersetzung mit der Tradition verzichten musste, war die Unmittelbarkeit des Lebens. Das, was der Dichter dafür gewann, wurde zum Kern seines ästhetischen Programms der „schöpferischen Verlebendigung“: „erst die Vergangenheit verklärt mir die Dinge und gibt ihnen Farbe und Duft. Das hat mich wohl zum ‚Dichter‘ gemacht, dieses Bedürfnis nach dem künstlichen Leben, nach Verzierung und poetischer Interpretation des gemeinen und farblosen.“[193]

5

„… Als Dichter ins Burgtheater zu gehen“

Spätgeborene waren sie also, die Autoren des Jungen Wien. Hineingeboren in die Epoche des pompösen Historismus, der sich zu dem Zeitpunkt, als aus ihnen Dichter wurden, bereits in den letzten Zügen lag. Hineingeboren auch in die Ära des politischen Liberalismus, den es wenige Jahre später schon nicht mehr geben sollte; dessen kurzes Gastspiel fand in den 60er- und 70er-Jahren statt. Die Freiheitsbestrebungen des Bürgertums waren in den Revolutionsjahren 1848/49 noch niedergeschlagen worden, eine Mischung aus Zufall und der erfolglosen Auslandspolitik des Kaisers machte es möglich, dass die liberalen Kräfte Anfang der 60er-Jahre doch an Einfluss gewannen. Die österreichische Armee war 1859 aus der Lombardei vertrieben worden, sieben Jahre später kam dann die traumatisierende Schlappe von Königgrätz. Franz Joseph sah sich dazu gezwungen, den Liberalen Zugeständnisse zu machen. Es war eine turbulente Zeit: Die Wiener Ringstraße wurde gebaut, mit dem Geld des finanzkräftigen Großbürgertums. Staat und Stadt, Habsburger und das liberale Bürgertum stritten sich um Einfluss, Macht und prestigeträchtige Bauplätze; 1861 wurde der Reichsrat gegründet. Der Kaiser musste mitansehen, wie die Liberalen, die von 1867 bis 1878 die Mehrheit im Reichsrat bildeten, die Konfessionsfreiheit, die Trennung von Schule und Kirche, die Aufhebung des Konkordats und eine Wahlreform durchpaukten.

Die boomende Wirtschaft der Gründerzeit – es war die erste Blütephase des Kapitalismus im Lande – ließ neue Firmen und Aktiengesellschaften wie Pilze aus dem Boden schießen, bis 1873 die Wirtschaftskrise kam und mit ihr die große Skepsis vor dem ökonomischen Liberalismus. Neben der Verfassung mit Grundrechtekatalog war 1867 auch ein Vereins- und Versammlungsrecht in Kraft getreten. Dieses führte zur Gründung neuer Parteien, die den Liberalen, schneller als sie es wohl für möglich gehalten hatten, selbst zum Verhängnis wurden.

Spätestens 1897 war das liberale Wien gänzlich verschüttet unter der christlichsozialen Lawine des Karl Lueger. Kaiser Franz Joseph hatte sich zwei Jahre lang geweigert, ihn zum Bürgermeister zu ernennen, bis sich Papst Leo XIII. höchstpersönlich auf die Seite Luegers schlug und den Kaiser aufforderte, den Wählerwillen zu akzeptieren. Zurück kam mit dem Demagogen auch all das, was der klassische Liberalismus zu bannen versucht hatte – Antisemitismus und Klerikalismus. Mit seiner Hetze gegen die jüdische Bevölkerung trug Lueger maßgeblich zur Verschärfung des politischen Klimas bei; an die Stelle einer Politik der Vernunft traten Glauben, Vorurteile und letztlich Verführung. „Politik ist Magie. Welcher die Mächte aufzurufen weiß, dem gehorchen sie", schrieb Hofmannsthal im Anschluss an den Ersten Weltkrieg im „Buch der Freunde".[194]

Karl Lueger, 1897.

Die Geburt der kulturellen Moderne ist zeitlich mit dem Tod des politischen Liberalismus verschränkt. Die beiden haben durchaus viel miteinander zu tun. Die Vätergeneration der Jung Wiener hatte in der liberalen Ära ihre Spielräume in den wachsenden Sphären der Wirtschaft und Wissenschaft zu nützen gewusst. Hugo von Hofmannsthal sen., der Vater des Dichters, hatte sich bis zum Direktor der „Oesterreichischen Central-Boden-Credit-Bank" hinaufgearbeitet. Hermann Bahr war Sohn eines Notars, der leibliche Vater Richard Beer-Hofmanns war Advokat, sein Adoptivvater Fabrikant in Brünn. Schnitzlers Vater, in Groß-Kanizsa in Ungarn als Sohn eines Tischlers und Analphabeten geboren, wurde ein international anerkannter Kehlkopfspezialist, der besonders in Bühnenkreisen gefragt war. Auch wenn diese Entwicklung von manchen, wie dem berühmten Mediziner und Chirurgen Theodor Billroth, noch so sehr verteufelt wurde: Mit dem Liberalismus stand nun auch Juden eine Karriere in den Wissenschaften offen. So wurde aus Ferdinand Leopold von Andrian-Werburg, dem Vater Andrians, ein angesehener Geologe und Anthropologe.

Die liberale Ära ging also zu Ende, das politische Klima verdüsterte sich. Für die Generation der Söhne hatte die Aussicht auf eine Karriere in Wissenschaft und Wirtschaft damit schnell an Attraktivität verloren. Was ihnen blieb, war die Möglichkeit, sich in den apolitischen Tempel der Kunst zurückzuziehen.[195] Anstelle von Finanzkapital war man daran gegangen, symbolisches Kapital anzuhäufen. Kunst als Ersatz. Je mehr „sich das politische Handeln als vergeblich erwies, desto stärker wurde die Kunst zu einer Religion, der Quelle des Sinns und der Nahrung der Seele."[196] Die Neuorientierung der Söhne wurde zum bewussten Abgrenzungsakt.

Hofmannsthal hat diese Bewegung früh schon selbst sensibel registriert. Über den jüdischen Unternehmer und Bankier Eduard von Todesco, Vater der mit ihm befreundeten Yella (später: von Oppenheimer), heißt es in einer Notiz zum geplanten „Familienroman" – es sollte ein Roman über den jüdischen Verwandtschaftsverbund Todesco, Gomperz und Oppenheimer werden, die als große Mäzene der Ringstraßenzeit zu Ehren kamen –: „Der alte Todesco häuft das Vermögen auf […] Alles was er mit dem Zauber des Reichtums berühren kann, müssen die Späteren mit der Seele erobern."[197] Schnell ist hier die Parallele zur Vater-Sohn-Beziehung im „Märchen der 672. Nacht“ hergestellt. Der Kaufmann geht ganz in seinem Warenhaus auf, reüssiert in der Welt der Ökonomie; der Kaufmannssohn, abgesichert durch das Vermögen seines Vaters, zieht sich ins Reich des Ästhetischen zurück. Die Aura der Warenwelt lebt in der ästhetizistischen Dingwelt weiter. Das ist eine Pointe von Hofmannsthals Erzählung.

Auch mit dem politischen Engagement ihrer Vorgängergeneration wussten die Söhne kaum mehr etwas anzufangen. Zur Tagespolitik hielt man lieber Distanz. Bezeichnend genug, dass Schnitzler während der Badeni-Krawalle – jenem heftigen Proteststurm, der losbrach, nachdem k.k. Innenminister Kasimir Felix Badeni 1897 Tschechisch als zweite Amtssprache für die deutschsprachigen Gebiete in Böhmen erlaubte – in sein Tagebuch notierte: „sogar wir politisierten“.[198]

Die Alternative zu den Christlichsozialen und Deutschnationalen, die mit ihrem Vorsitzenden Georg von Schönerer noch offensivere antisemitische Töne anschlugen, war die sozialdemokratische Arbeiterpartei. Diese setzte auf Klassenkampf. Aber so sehr man deren Anliegen verstand: Sich die eigenen Hände dafür schmutzig zu machen, wäre den Jung Wienern wohl zu weit gegangen.[199] Was Hofmannsthal von den Initiativen der Sozialistischen Arbeiterpartei hielt, machte er unverblümt in einem Gedicht anlässlich des ersten Arbeiteraufmarsches im Mai 1890 im Wiener Prater klar. Zwischen 30 000 und 100 000 Arbeiter, so die unterschiedlichen Schätzungen, formierten sich zu einem behördlich nicht genehmigten Protestzug durch den Wiener Prater – die bis dahin größte Massenkundgebung in der Monarchie. Sie forderten mit Berufung auf die Beschlüsse der Zweiten Internationale als erste sozialpolitische Maßnahme die Einführung des Achtstundentages. Im Anschluss an den Protestzug notierte sich der 16-jährige Hofmannsthal auf einer Visitenkarte des Trauzeugen seiner Eltern, Hans von Sieberer, folgende Verse:

Tobt der Pöbel in den Gassen, ei, mein Kind, so lass ihn schrei'n
Denn sein Lieben und sein Hassen ist verächtlich und gemein!
Während sie uns Zeit noch lassen, wollen wir uns Schönerm weih'n
Will die kalte Angst dich fassen spül sie fort in heissem Wein!
Lass den Pöbel in den Gassen: Phrasen, Taumel, Lügen, Schein,
Sie verschwinden, sie verblassen – schöne Wahrheit *lebt* allein.

Nicht zufällig an der Prater-Hauptallee, am Laufsteg des Adels und Großbürgertums, kam Hofmannsthals frühes Standesbewusstsein zum Vorschein. Denn seit 1886 wurde hier am ersten Mai ein Blumenkorso veranstaltet, ein unter der Schirmherrschaft der ebenso flamboyanten wie einflussreichen Fürstin Pauline Metternich-Winneburg stattfindender Festzug des Adels und des Großbürgertums. Das Wohltätigkeitsfest zur Kastanienblüte trieb ein Heer von Schaulustigen heran, das die Praterhauptallee säumte, während die prunkvollen Equipagen von Adel und Großbourgeoisie paradierten. 1890 also fand der Blumenkorso nicht in gewohnter Weise statt.

Empfang des Kaisers beim Blumenkorso im Wiener Prater, 1887.

Extrablatt.

Administration, Expedition und Inseraten-Aufnahme:

Herausgeber: Edgar Spiegl.

Nr. 122. Wien, Sonntag, 4. Mai 1890. 19. Jahrgang.

Der erste Mai in Wien.

Die Arbeiter marschiren über die Aspernbrücke in den Prater.

Die Arbeiter auf der Aspernbrücke. Titelblatt des „Extrablatts“ am 4. Mai 1890.

Das Gedicht aus dem Nachlass Hofmannsthals ist Ausdruck tiefer Furcht des Bürgertums vor den sich organisierenden Massen aus den Vorstädten. Die Arbeiter werden in den bürgerlichen Zeitungen, so etwa in der *Neuen Freien Presse*, zu „vagabundierenden Gespenstern“ erklärt, die auf ihrem Protestmarsch ins Zentrum der Stadt vorgedrungen seien.

Exakt zwei Jahre nach dem Prateraufmarsch wiederholt Hofmannsthal seine Vorbehalte in einem Brief an seine Jugendfreundin, Marie von Gomperz: Er habe „zu viel Taine gelesen, um für die großen Massen ein anderes Gefühl zu haben als das der Furcht; es ist das einzige, wovor sich auch ein gentleman fürchten darf, denn es ist etwas unpersönliches, blindes und allen wertvollen menschlichen Dingen gefährliches in ihnen.“ Schnitzler wird mehrfach vom „Snobismus“ als Hofmannsthals „Lebenskrankheit“ sprechen. Trotz der gemeinsamen bildungsbürgerlichen Herkunft waren die Autoren ihrem sozialen Selbstverständnis nach doch grundlegend verschieden. Der Literatenkollege lässt in „Therese. Chronik eines Frauenlebens“ dann auch auf ironische Weise einen snobistischen Offizier den Umstand beklagen, dass nun – wir befinden uns bereits in den 1920er-Jahren – die unteren Schichten die Kaffeehäuser des Nobelpraters eingenommen hätten, und deren einstiger Jahrhundertwende-Glanz damit verschwunden sei. Der Offizier ist wie einst Hofmannsthal als Einjährig-Freiwilliger ausgerechnet Angehöriger des noblen Dragonerregiments. Das mag Zufall sein.

Politische Reserviertheit wurde gerade Schnitzler immer wieder zum Vorwurf gemacht, später, während des Ersten Weltkriegs vor allem, als beide Seiten, Patrioten und Pazifisten, eine stärkere Involviertheit des Autors forderten. Von der ersten Stunde an entzog sich Schnitzler der Kriegseuphorie, im Gegensatz zu den vielen Autoren, die sich bald schon für den „Kriegsdienst an der Feder" einspannen ließen, wie auch Hofmannsthal und Bahr. Genauso schreckte Schnitzler aber auch davor zurück, sich offen zur Antikriegsbewegung zu bekennen, in der federführend Romain Rolland, der französische Pazifist und Nobelpreisträger, und später, nach anfänglicher Kriegsbegeisterung, auch Stefan Zweig wirkten. Schnitzler schwieg beharrlich. Für viele war und blieb er der Dramatiker harmloser Fin de Siècle-Liebeleien, der Schöpfer des „süßen Mädels".

Wo Politisches endet und Gesellschaftspolitisches beginnt, ist natürlich gerade im Fall Schnitzler schwer zu sagen. Sein Werk jedenfalls ist undenkbar ohne die vielfältigen sozialkritischen Stoffe und Motive, die das gesellschaftliche Klima der Jahrhundertwende spiegeln. Zeitlebens schrieb er gegen den Antisemitismus an, gegen spießbürgerliche Moralvorstellungen, tradierte Geschlechterbilder und den militärischen Ehrenkodex. Dafür trug er sich den Hass der antisemitischen Presse, des Militärs und puritanischer Moralisten ein. Der Autor des „süßen Mädels" hätte es sich gewiss auch leichter machen können.

Ähnliches gilt für Felix Salten, den Einzigen des engeren Kreises, der nicht dem gehobenen Bürgertum entstammte. Es ist nicht zufällig gerade er, dessen Lebensweg sich immer wieder mit Mitgliedern der Sozialdemokratischen Arbeiterpartei kreuzen sollte. So war er für kurze Zeit auch mit der Frauenaktivistin Lotte Glas liiert, die 1895 wegen staatsfeindlicher Aussagen im Gefängnis landete.[200] Als Journalist schrieb er immer wieder gegen Karl Lueger an, der sich als Populist avant la lettre gerne als „Politiker zum Anfassen" gab. In einem Artikel mit dem Titel „Leopoldstädter Komiker" von 1896 kommentiert er einen Wahlkampf-Auftritt Luegers im Wiener Prater: „Auf dem classischen Boden der Fünf-Kreuzer-Tänze, in Swoboda's Gasthaus im Prater, ist gestern Herr Dr. Lueger als Landtagscandidat für die Leopoldstadt aufgetreten [...]. In dem Lokal, wo der gefeierte Führer zugleich als Vortänzer debutirte, sieht man bekanntlich weniger auf Grazie als auf kräftiges Auftreten. Und Herr Dr. Lueger verstand es, durch sein Springen und Hopsen das Publicum in ein solches Entzücken zu versetzen, daß die Zuschauer mehr als einmal begeistert ausriefen: ‚Das ist das höchste Theater!' Die ältesten Leopoldstädter erinnern sich nicht, daß Kasperl auf seinem Theater je einen ähnlichen Erfolg gehabt hätte."[201]

An Karl Lueger hatte Salten sicher auch gedacht, als er 1903 seine komisch-traurige Erzählung „Erhebungen über Barbara Liebhardt" schrieb. Hier geht es um eine Frau, von der man fälschlicherweise annimmt, dass sie 114 Jahre alt sei. Aufgrund ihrer rührseligen Betagtheit wird Barbara Liebhardt für die populistische Pressekampagne des Bürgermeisters eingespannt. Sie soll gemeinsam mit ihm die Titelseite einer Zeitung schmücken – herzerwärmend! Mit der christlichen Nächstenliebe ist bald Schluss, als man bemerkt, dass die Frau einst ein uneheliches Kind zur Welt brachte.[202]

„... vier berühmte, grosse, gänzlich unbekannte Dichter"

In der Welt des annullierten Liberalismus gab es für das Junge Wien kaum ein Reüssieren. Politiker, Wirtschaftstreibende und Wissenschaftler hatten als Vorbilder für die Nachkömmlinge ausgedient, in den neunziger Jahren wollte man Künstler, Schriftsteller und Schauspieler werden. Der Traum vom Leben als Berufsschriftsteller brachte so manchem der Autoren prompt einen Konflikt mit der Elterngeneration ein. Die Väter von Hermann Bahr und Schnitzler erhoben Einspruch.[203] Nach einer Standpauke von Johann Schnitzler, der den fehlenden wissenschaftlichen Ehrgeiz und den lockeren Lebensstil des Sohnes missbilligte, notierte Schnitzler: „Ekelhafter Auftritt zu Haus mit sentimental-düstern Anspielungen über meinen Lebenswandel. (Soll Geld verdienen, – anständiges Mädl heiraten – natürlich, meine Gesellschaft! Mangelndes Pflichtgefühl)“.[204] Schnitzlers Vater beschwerte sich fortlaufend darüber, dass sein Sohn literarisch unter seinem bürgerlichen Namen veröffentliche, was dazu führe, dass ihn keiner mehr als Arzt ernst nehme; es muss Schnitzler fürchterlich geärgert haben, dass sein erster, kleiner Erfolg als Autor nur durch die Namensverwechslung mit seinem Vater zustande kam. Der Leiter der Schauspielschule, Leo Friedrich, der das 1888 verfasste „Abenteuer seines Lebens“ im Rudolfsheimer Volkstheater inszenierte, war sich sicher, der stadtbekannte Laryngologe sei der Autor,[205] und lud ihn deshalb zu den Proben ein.

Ab 1888 wurde Schnitzler als „Strohmann“ seines Vaters Redakteur der *Internationalen Klinischen Rundschau* – Johann Schnitzler hatte sich mit dem Verleger der *Wiener Medizinischen Presse*, wo er zu publizieren gewohnt war, überworfen, sodass der Verlag die weitere Zusammenarbeit aufkündigte. Johann Schnitzler kassierte eine Abfertigungssumme, hatte dafür aber die Verpflichtung einzugehen, keine andere medizinische Zeitschrift herauszugeben. Da er aber ein Publikationsorgan für seine Forschungen brauchte, musste der Sohn als Herausgeber herhalten.[206] Arthur Schnitzler publizierte darin auch seine einzige selbstständige medizinische Arbeit mit dem Titel „Über funktionelle Aphonie und deren Behandlung durch Hypnose und Suggestion“. Spuren seiner wissenschaftlichen Beschäftigung finden sich auch in der ersten Szene seines „Anatol“, in der „Frage an das Schicksal“, in der Anatol seine Geliebte Cora in Hypnose versetzt, um aus ihr herauszubekommen, ob sie ihm treu ist. Aus Angst vor der Antwort entscheidet er sich schließlich dagegen, die entscheidende Frage zu stellen.

Bereits das Medizinstudium war für Schnitzler eine erste Zerreißprobe: „Medicinische und poetische Weltanschauung prügeln sich auf gar ergötzliche Weise in meiner sogenannten Seele“,[207] notierte er sich schon im ersten Studienjahr. Unter diesen ungünstigen Voraus-

Gustav Klimt: „Philosophie", aus seinen Fakultätsbildern. Öl auf Leinwand.

setzungen schien ihm seine Erfolgslosigkeit alternativlos; so stellte er sich eine nicht allzu rosige Prognose einer Zukunft als „mittelmäßiger Arzt".[208]

Die Auseinandersetzung zwischen Vätern und Söhnen in der Ära des Liberalismus – der in Schnitzlers eigener Zerrissenheit zwischen Beruf und Berufung fortlebte – war zugleich ein Konflikt zwischen wissenschaftlichem und künstlerischem Ethos. In den Augen der Väter nämlich hätten die Söhne das rationale Weltbild, das sie noch mühsam erkämpft hatten, der Irrationalität der Künste geopfert. Kaum irgendwo lässt sich dieser Konflikt besser ablesen, als an dem Sturm der Entrüstung, den Klimts Fakultätsbilder hervorriefen, jene drei Gemälde, die für die Ausschmückung des großen Festsaals der Universität Wien bei ihm in Auftrag gegeben worden waren. Statt das rationale und fortschrittsoptimistische Denken zu feiern, entwirft Klimt (etwa in der „Philosophie" von 1900) mythische, kaum greifbare, ekstatisch leidende Gestalten; die alten Liberalen sind von dem pessimistischen, dionysischen Weltbild des Künstlers entsetzt.[209]

Den Konflikt zwischen künstlerischer und bürgerlicher Existenz, der auch Hofmannsthal einige Jahre später bevorstand – er hatte nach seiner Matura Rechtswissenschaften zu studieren begonnen und zwei Jahre später das erste juristische Staatsexamen mit „mäßigem Erfolg" abgelegt –, verarbeitete Schnitzler auch literarisch, und das durchaus humorvoll. Von März 1894 bis Juli 1895 schrieb er an „Später Ruhm", einer Novelle, die stellenweise den Eindruck erweckt, Schnitzler habe sich bei der Figurenzeichnung von so manchen Charakterzügen und physiognomischen Eigenheiten seiner Literatenfreunde inspirieren lassen: Da ist „Winder, ein kleiner blasser Blondin",[210] der von den anderen am Tisch mal spöttisch, mal liebevoll „Kind" genannt wird. Er lässt an den jungen Hofmannsthal denken, der ebenfalls als Gymnasiast das Kaffeehaus in „kurzen Knabenhosen"[211] betrat, wie Stefan Zweig schrieb. Der kahlköpfige Linsmann, der keinen Hehl daraus macht, ein Schmarotzer zu sein, erinnert an Altenberg, den selbsternannten Schnorrer.[212] In der Figur des Christian, der „in seinem Äußeren den verblassten Romantypus des ‚Künstlers' durch lange Haare, fliegende Krawatte und etwas unstete Augen am schärfsten zum Ausdruck brachte",[213] scheint das jugendliche – und idealisierte – Selbstporträt des Autors der Novelle durch. Die Insignien des idealen Künstlers jedenfalls finden sich in Schnitzlers Autobiografie wieder: „Bis in die ersten Universitätsjahre trug ich mich mit einiger nicht ungewollter Nachlässigkeit. Rembrandthut, flatternde Krawatte, lange Haare. Leise Verachtung gegen alles, was man als Eleganz bezeichnete".[214] Das alles reicht natürlich nicht, „Später Ruhm", die Novelle, die Schnitzler selbst nie veröffentlichen sollte, zu einem Schlüsselroman, geschweige denn zu einer Parodie zu erklären.

Im Zentrum der Handlung steht Eduard Saxberger, der in fortgeschrittenem Alter überraschend „späten Ruhm" erlangt, als das lyrische Werk seiner Jugendjahre, die „Wanderungen", von einem Kaffeehaus-Zirkel entdeckt wird. Am Ende muss er jedoch erkennen, dass er einem komödiantischen Schauspiel der Gruppe aufgesessen ist. Seine „Wanderungen" hat keiner des Kreises jemals wirklich gelesen.

Während Saxberger, der seit Jahrzehnten ein Dasein als Beamter fristet, jedenfalls an die bürgerliche Pflicht erinnert – „Es muss ja jeder Mensch seinen Beruf haben" –, halten die Jünglinge die Fahne hoch für das Leben für die Kunst allein. Die vom Literatenkreis selbstauferlegte Abstinenz von allem, was nach Leben, „peinlich" nach „eintöniger Beschäftigung"[215] riecht, wird in der Novelle als affektierte Pose junger Künstler entlarvt. „Ich gehöre der Kunst […]. *Niemandem* wird es gelingen, mich ihr zu entfremden", lässt Schnitzler etwa die launenhafte und kapriziöse Schauspielerin Gasteiner pathetisch beschwören. Sie ist der Schauspielerin Adele Sandrock wie aus dem Gesicht geschnitten; zwischen Ende 1893 und Anfang 1895 sind Schnitzler und Sandrock ein Paar, zur Zeit der Arbeit an der Novelle „Später Ruhm" also.

Die Novelle ist jedoch nicht nur Klamauk. Nicht nur das Schicksal

Saxbergers ist einfühlsam beschrieben, auch die Selbstzweifel der Cliquen-Mitglieder wirken echt. Schnitzler musste ja am eigenen Leib erfahren, wie sehr der Kampf um Erfolg an den Nerven zehrte; als er seine Novelle entwarf, war sein literarischer Durchbruch noch keineswegs gesichert. Die „Begeisterten“ und die Jung Wiener der Jahre 1891 bis 1893 haben doch einiges gemein. Sie verbindet nicht nur das Selbstverständnis, nichts mit dem literarischen Mainstream zu tun zu haben, sondern auch das Dilemma, das damit verbunden ist: „Die Zeitungen nehmen keine Notiz von uns. [...] Wer weiß was von unserm Verein ‚Begeisterung‘?“ Die Devise lautet: „Vortragsabende müssen wir veranstalten.“[216] So heißt es in „Später Ruhm“.

Das erinnert stark an die mühseligen Versuche der Jung Wiener, mit dem Verein der „Freien Bühne“ an die Öffentlichkeit zu kommen. Sie waren, wie Hofmannsthal noch 1893 in seinem Prolog zu „Der Tor und der Tod“ schrieb, vorläufig immer noch „vier berühmte, grosse, gänzlich unbekannte Dichter“.[217] Ihre Berühmtheit wollte nicht so recht die Grenzen der kleinen Szene von Literaturinteressierten überschreiten. Sie würden am „Nichterkanntwerden“ noch zu Grunde gehen, meinte Hermann Bahr gegen Ende 1892 gegenüber Schnitzler. An der ganzen Misere sei natürlich das feindliche Klima hier in der Stadt schuld: „Die Berliner setzen sich gegenseitig in Scene, die Wiener schimpfen aufeinander.“[218]

Konkrete Gegenmaßnahmen sollten ergriffen werden. Hofmannsthal, so erinnert sich Salten, besprach „planmäßig wie ein Stratege die Notwendigkeit, alle großen Zeitungen zu erobern und die alten Herren, die Gegner der jungen Literatur, überall von den ersten Plätzen in den führenden Blättern zu verdrängen“.[219] Doch so leicht war es dann doch wieder nicht. Ihr Haus- und Hofblatt, die *Moderne Rundschau*, war eingestellt worden. So sehr man sich auch von E. M. Kafka, Fels und Konsorten persönlich und künstlerisch entfremdet hatte, die Jung Wiener mussten ihnen doch zugutehalten, dass sie in ihre Zeitschrift die ganze Bandbreite der künstlerischen Strömungen der Zeit Eingang finden ließen. Wenn es nur nach dem Herausgeberstab gegangen wäre, hätte man sich wohl lieber klar naturalistisch positioniert. In der Berliner *Freien Bühne für den Entwicklungskampf der Zeit*, die unter Federführung von Wilhelm Bölsche ein dezidiert naturalistisches Programm verfolgte, hatten die Autoren des Jungen Wien einen schweren Stand. Während Fels und Kulka dort munter weiter publizierten, vor allem Berichte über das Wiener Kulturleben, waren Arbeiten des Jungen Wien mehrfach zurückgewiesen worden. Von Schnitzler war lediglich die frühe Novelle „Der Sohn" gedruckt worden, von Bahr die Aufsätze „Satanismus" und „Loris", in dem er ausgerechnet jenen Autor als Zukunftshoffnung der neuen Literaturepoche präsentiert, dessen Arbeiten Bölsches Ablehnung hervorriefen – Hofmannsthal.[220] Es lag also auf der Hand: „Wir brauchen ja doch ‚unser' Blatt!"[221], stellte Schnitzler in einem Brief an Hofmannsthal Ende März 1892 fest. Mit der Wochenzeitschrift für Politik, Volkswirtschaft, Wissenschaft und Kunst *Die Zeit*, die von Hermann Bahr 1894 mitgegründet wurde und in der einige Jahre später auch Felix Salten als Redakteur tätig war, sollte der Ruf nach einem eigenen publizistischen Forum erhört werden. Der Nationalökonom Isidor Singer war der Financier des Unternehmens, der Journalist Heinrich Kanner, das dritte Gründungsmitglied, leitete das Politikressort. Wegen seiner kritischen Berichterstattung sollte das Magazin immer wieder mit der Zensurbehörde in Konflikt kommen. Bahr, der den Kulturteil übernahm, hatte hohe Ansprüche an das Zeitschriftenprojekt, das an amerikanischen Wochenmagazinen orientiert war: „Wenigstens sollen die Wiener einmal sehen, wie ein modernes Blatt aussieht", ließ Bahr seinen Vater im Juli des Jahres wissen.[222] Viele der Gedichte und Erzählungen, die Beer-Hofmann, Hofmannsthal, Salten und Schnitzler über die nächsten Jahre hervorbrachten, wurden dort gedruckt.[223] Als Bahrs Tätigkeit als Herausgeber 1899 endete, wurde er übrigens vom zu jener Zeit bereits „gefallenen" Burgtheaterdirektor Max Burckhard ersetzt.

Zwischenstation – Das Deutsche Volkstheater

Im Mai 1893 starb Johann Schnitzler. Der Tod des Vaters stürzte den Sohn in Monate tiefer Trauer. Gleichzeitig wusste Schnitzler, dass nun auch der Weg frei war, sein Leben ganz dem Schreiben zu widmen. Er verließ die Poliklinik, wo er als Assistent seines Vaters tätig gewesen war und eröffnete 31-jährig seine eigene ärztliche Privatpraxis, die er eine Zeitlang sporadisch betrieb, zuerst am Burgring, nach dem Umzug dann in der Frankgasse. Mit zunehmendem literarischen Erfolg sah er bald die Zeit gekommen, seine Tätigkeit als Arzt aufzugeben.

Ein erster kleiner Etappensieg schien sich bereits Ende des Jahres 1893 abzuzeichnen. Am 1. Dezember fand die Uraufführung des „Märchens", seines ersten abendfüllenden Dramas statt. Nicht im Burgtheater, wo es Schnitzler so gerne gesehen hätte – Direktor Burckhard hatte abgelehnt –, sondern im Deutschen Volkstheater in Wien, das 1889 als bürgerliches Pendant zum kaiserlichen Hofburgtheater von Ludwig Anzengruber, dem angesehenen österreichischen Volkstückschreiber, gegründet worden war. Die Aufführung wurde allerdings nicht einmal zu einem Achtungserfolg, denn der dritte Akt endete in einem einzigen Fiasko, was Schnitzler sofort dazu bewegte, das Ende umzuschreiben. Vergeblich, nach nur einer Aufführung wurde das Stück wieder abgesetzt.

Schnitzler erzählt das „Mährchen von der Gefallenen".[224] Obwohl Fedor Denner, der Protagonist, große Reden darüber schwingt, dass es gedankenlos sei, eine Frau zu entwerten, nur weil sie vorehelichen Geschlechtsverkehr hatte, schafft er es selbst nicht, nach seiner Maxime zu leben. So verstößt er Fanny Theren, eine talentierte, junge Schauspielerin, obwohl er sie doch eigentlich liebt. Seine neu gewonnene Überzeugung „Was war, ist" teilt Denner mit Hofmannsthals Andrea aus dem Einakter „Gestern". Nach dem Seitensprung seiner Geliebten hatte dieser ja erkennen müssen, dass die Vergangenheit, mehr als ihm lieb ist, in seine Gegenwart einwirkt.

Porträtaufnahme der Schauspielerin Marie Glümer, um 1890.

Wenn es Denner schon nicht gelingt, Theorie und Praxis seines Handelns in Einklang zu bringen, so würde man vermuten, müsste doch zumindest der Schöpfer des Schauspiels dazu in der Lage sein. Doch Schnitzler verarbeitet in dem Stück „Psychologisches aus meinem Verhältnis mit Mz."[225] „Mz" steht für Mizzi, die Schauspielerin Marie Glümer (mit bürgerlichem Namen Marie Chlum), mit der Schnitzler bereits 1889 ein Verhältnis begonnen hatte, und die er, weil sie eine Fanny Thelen ist, über Jahre hinweg wegen ihrer unkeuschen Vorgeschichte selbst verbal quälte. Knapp neun Monate, bevor das „Märchen" in Wien zur Aufführung gelangte, wurde die Tragödie – nicht die gedichtete – um eine Episode bereichert. Denn im März 1893 erfuhr Schnitzler, dass ihm Marie Glümer auf ihren Gastspielen in Wiesbaden und St. Gallen untreu gewesen war. Schnitzler war völlig am Ende, er litt „wie ein Hund". Obwohl er seine Geliebte über die Jahre doch selbst nach Strich und Faden betrogen hatte, beschimpfte er sie nun als „niedrigste Creatur unter der Sonne" und „erbärmlichste Dirne". Er wurde zum Rasenden, entwickelte ihr gegenüber einen sadistischen Eifer: „Wenn sie mir zu nahe kam, stieß ich sie leicht weg. (Großartig!!)"[226] Schließlich traktierte er sie „mit den Fäusten und Füßen."[227] Das alles verraten seine Tagebücher. Es ist erschütternd, mit welcher physischen und psychischen Gewalt

Schnitzler seiner Geliebten entgegenzutreten in der Lage war; umso erstaunlicher auch, als er in Momenten der *raison* seine eigene Verlogenheit hellsichtig erkannte. Fast zynisch klingt er manchmal in seinem Diarium: „Eigentlich ist das Leben doch ungerecht. Ich gehe als der edle vertrauensvolle betrogene herum – sie als die elende Verworfene, die ihren Fall mit dem ‚Lebensglück' bezahlen muss – während es ja ganz gut umgekehrt sein könnte, wenn zufällig ich nichts, und sie alles erfahren hätte."[228]

Über die Affäre von „Mz" – sie mutierte, nachdem Marie Reinhard (Mz. Rh.) 1894 als nächste Geliebte ins Spiel kam, in seinem Tagebuch zu „Mz I." – sollte er jahrelang nicht hinwegkommen. Marie Glümer war mit Sicherheit die große Liebe seiner Jung Wiener Jahre, wahrscheinlich sogar die größte seines Lebens überhaupt; doch sein Stolz war ihm im Weg. Glümer, als Figur mehrfach in sein Werk eingegangen, so etwa als Irene Harms in seinem Fünfakter „Der einsame Weg", war fortan nie mehr als *eine* seiner zahlreichen Geliebten. Auch nachdem sie Wien in Richtung Berlin, dann München verlassen hatte, hielten sie Kontakt, bis zu ihrem Lebensende. Nach ihrem Tod im Jahr 1925 notierte er: „Keinem Wesen verdankt mein Dichtertum mehr als ihr".[229]

Was den Misserfolg seines „Märchens" auf der Bühne des Deutschen Volkstheaters betrifft – die Enttäuschung darüber war bald weggesteckt, nicht nur, weil ihm sein turbulentes Liebesleben kaum eine Verschnaufpause gönnte, sondern weil seine Karriere unmittelbar darauf, im Frühjahr 1894, rasant an Fahrt aufnahm. Und das nicht nur in Österreich. Das lobende Urteil der dänischen Kritiker-Koryphäe Georg Brandes über das „Märchen" ließ er, kaum hatte er es erhalten, als Beglaubigung seines Talents Otto Brahm zukommen. Zuvor schon hatte er Brahm, der gerade erst als Direktor des prestigeträchtigen Deutschen Theaters in Berlin eingesetzt worden war, das Manuskript zugespielt. Dass dieser das Stück ablehnte – in einem etwas schroffen Ton sogar: „zuviel Psychologie und zuwenig Anschauung"[230] –, bedeutete nicht gleich Anfang und Ende der Zusammenarbeit des Wieners und des Berliners. Denn knapp ein Jahr später sollte sich der Theaterdirektor dann bei Schnitzler melden, mit der Bitte, die „Liebelei" auf die Bühne bringen zu dürfen. Der naturalistisch gesinnte Brahm, gut befreundet mit Hauptmann und Fontane, ebnete nicht nur den Weg für Schnitzlers Riesenerfolg auf deutschen Bühnen, er sollte ihm auch lebenslang, bis zu Brahms Tod 1912, ein guter Freund sein.

3. April 1894 – noch bevor sich Schnitzler mit seinem „Märchen" an Brahm gewandt hatte, war aus Berlin ein anderes höchst erfreuliches, sehnsüchtig erwartetes Dokument ins Haus geflattert: „Contract Fischer (Sterben)."[231] Von Oktober bis Dezember 1894 erschien in S. Fischers verlagseigener Zeitschrift *Neue Deutsche Rundschau* Schnitzlers Novelle „Sterben", in Buchform dann im November, vordatiert auf das Jahr 1895. Da im Österreich der Jahrhundertwende die Verlagslandschaft äußert dünn besiedelt war, mussten die Autoren hoffen, in Deutschland unterzukommen. Dass Schnitzler bei Samuel Fischer, der ursprünglich in Wien seine Buchhändlerlehre absolviert und 1886 in Berlin seinen eigenen Verlag gegründet hatte, eine lebenslange Verlagsheimat fand, war für den Autor ohne Zweifel ein Glücksfall.

Ausflug am Semmering: Otto Brahm, Felix Salten, Hugo von Hofmannsthal, Arthur Schnitzler (von links nach rechts), 1905.

Wie schon bei der Unternehmung, für den Anatol-Zyklus einen Verlag zu finden, trat Bahr als Vermittler auf, und wie schon beim „Anatol" gab sich Fischer, so sehr ihm die Novelle gefiel, zuerst einmal zögerlich. Er lehnte schließlich ab, mit freundlichen Worten zwar: „Ich möchte ‚Sterben' sehr gerne verlegen. Das Werk hat mir ganz ausgezeichnet gut gefallen, aber – das Publikum. Ich fürchte, daß das Buch des herben Stoffes wegen nicht viele Käufer finden wird." Schwer verdaulich ist die Geschichte um das Liebespaar Felix und Marie allemal. Felix ist krank, er weiß, dass er nur mehr ein Jahr zu leben hat; mit seinem körperlichen Dahinsiechen stirbt auch die Liebe von Marie, die den bettlägerigen Kranken zwar aufopferungsvoll pflegt, seinem Wunsch, mit ihm in den Tod zu gehen, jedoch keinesfalls nachkommen möchte. Sie will leben.

Bald nach Fertigstellung las Schnitzler seine Novelle im Kreis seiner Freunde vor. Dabei war er stellenweise selbst so ergriffen, dass er sich „das Weinen zurückhalten mußte". Die Novelle gefiel – im Anschluss waren Worte wie „wunderschön" und „großartig" im Raum herumgeschwirrt, gerade Hofmannsthal sei ganz „erschüttert" gewesen.[232] Später noch ließ dieser Schnitzler wissen, dass er sehr oft an seine Novelle denke und viel mehr darüber reden möchte, als es geschehe.[233]

Sicher war Hofmannsthal auch angeregt von Schnitzlers Novelle, als er selbst eine Erzählung über das Sterben schrieb, die heute nur mehr als Fragment erhalten ist: die „Geschichte der beiden Liebespaare".[234] Die Erzählung ist deshalb so bemerkenswert, weil Sterben und Tod darin überraschend realistisch, in ihrer ganzen Grausamkeit und Hässlichkeit, geschildert sind. Üblicherweise sehen sich Hofmannsthals Protagonisten vor ein „göttliches Gericht" gezerrt, wo sie sich für ihr „unsittliches" Handeln, für ihren maßlosen Materialismus rechtfertigen müssen. Von solch einem personifizierten Tod werden Claudio in „Der Tor und der Tod" und der Jedermann heimgesucht. In der „Geschichte der beiden Liebespaare" ist es kein hübsch ästhetisierter, kein allegorischer, sondern ein durch und durch qualvoller Tod, der Therese ereilt. Die Erzählung setzt dem Leser zu – doch keineswegs jedem, wie die scharfe Kritik des Probelesers Beer-Hofmann beweist, der die „Geschichte“ als „schattenhaft und wertlos“ beurteilte und Hofmannsthal letztlich dazu bewegte, von einer Publikation abzusehen.[235]

In die Erzählung ging außerdem ein trauriges Ereignis ein, das Hofmannsthals Frühjahr und Sommer 1894 entscheidend prägte, nämlich das Sterben der Josephine von Wertheimstein. Mit ihr, einer der ganz großen Salonnières der Ringstraßenepoche, verband ihn eine fast zweijährige Freundschaft. Hofmannsthal hatte in den Wochen vor ihrem Tod viele Stunden mit der Erkrankten in ihrem Haus in Döbling verbracht,

Hofmannsthals Meldungsbuch, k. k. Universität zu Wien, 1892–1898.

während ihrer Ruhestunden selbst geschrieben und für sein verhasstes Studium der Rechtswissenschaften gelernt; es war ein unglückseliger Ort, denn in der Villa Wertheimstein sollte sich zwölf Jahre später auch Ferdinand von Saar, der Teil ihres Salons war, das Leben nehmen.

Nach der Nachricht ihres Todes am 16. Juli, die ihn telegrafisch erreicht hatte, verfasste er im salzburgischen Bad Fusch die „Terzinen über Vergänglichkeit".

In barocker Vanitas-Tradition sinnierte der zwanzigjährige Hofmannsthal, der das Leben ja eigentlich noch vor sich hatte, über Vergehen und Vergänglichkeit. Er verfiel dabei aber keineswegs der Verfalls-Schwärmerei, wie sie typisch für das Fin de Siècle ist.

Terzinen über Vergänglichkeit

Noch spür ich ihren Atem auf den Wangen:
Wie kann das sein, daß diese nahen Tage
Fort sind, für immer fort, und ganz vergangen?

Dies ist ein Ding, das keiner voll aussinnt,
Und viel zu grauenvoll, als daß man klage:
Daß alles gleitet und vorüberrinnt.

Und daß mein eignes Ich, durch nichts gehemmt,
Herüberglitt aus einem kleinen Kind
Mir wie ein Hund unheimlich stumm und fremd.

Dann: daß ich auch vor hundert Jahren war
Und meine Ahnen, die im Totenhemd,
Mit mir verwandt sind wie mein eignes Haar,

So eins mit mir als wie mein eignes Haar.[236]

„Über Vergänglichkeit“ erschien im März 1896 in Georges *Blättern für die Kunst*, wo Hofmannsthal viele weitere seiner bedeutendsten Gedichte, der lyrischen Produktion aus den Jahren 1894 bis 1896 veröffentlichte, darunter „Weltgeheimnis“, die „Ballade des äußeren Lebens“ und „Manche freilich …“. Die klangliche und bildliche Wirkung der Gedichte sowie seine virtuose Verfügung über verschiedene lyrische Formen (u.a. Ghasel, Sonett, Terzine) brachte ihm höchste Bewunderung bei Zeitgenossen ein. In der Tradition der Gedankenlyrik verhandelt der Dichter dabei existenzielle Grundfragen – die rauschhaft bildlichen Gedichte seiner Frühphase sind dagegen eher an die traditionelle Erlebnislyrik angelehnt. Nun geht es um das Leben, den Traum und immer wieder um Tod und Vergänglichkeit.

In den Erzählungen, Dramen und Gedichten der Jung Wiener sind Sterben, Tod und Andenken fast immer präsent. Der Tod hat eine unheimliche Anziehungskraft. Mal kommt er im Gewand der Allegorie, mal ist er schwülstig-dekadent und lädt zur Feier des Morbiden und der Künstlichkeit ein wie in den frühen Gedichten Dörmanns, dann ist er wieder realistisch, entstellt Körperteile, Mund, Zähne und Augenpartie und immer wieder lässt er Hinterbliebene trauernd zurück. In Saltens Erzählung „Begräbnis“ von 1893 haftet dem Trauern sogar etwas Komisches an. Sie handelt von einem slowakischen Bauernehepaar, das zur Beerdigung seines Sohnes Mirko nach Wien fährt. Dort jedoch geraten die Eltern so ins Staunen über die Theatralität der militärischen Trauerzeremonie, dass sie vollkommen die Abfahrt des Sarges verpassen. Sie stehen wie angewurzelt, lauschen berührt der Musik der Regimentskapelle und geben sich ganz ihren Gedanken hin, in welches höhere Reich ihr Sohn, dem immerhin die Ehre eines Militärbegräbnisses zuteil geworden ist, nun wohl gelangen wird. Sie versäumen die Bestattung und werden damit auch nie erfahren, an welcher Stelle ihr Sohn begraben ist.[237]

Der ästhetizistische Held von Hofmannsthals „Märchen der 672. Nacht“ stirbt nach einem überraschenden Huftritt eines Pferdes gar in einer Kaserne eines unheroischen Todes. Die düsteren und rätselhaften, modern unverständlichen Erzählungen Hofmannsthals der nächsten Jahre – dazu gehören auch die „Reitergeschichte" und die „Soldatengeschichte" – gehen auf die gesammelten Erfahrungen während seiner eigenen Militärzeit zurück.

Hofmannsthal als Ulanen-Leutnant der Reserve, nach 1896.

Seinen Dienst als Einjährig-Freiwilliger im 6. Dragonerregiment, den Hofmannsthal Anfang Oktober 1894 begonnen hatte, leistete er zu einem überwiegenden Teil in der mährischen Kleinstadt Göding, etwa hundert Kilometer nordöstlich von Wien. War er zu Beginn noch angetan von der militärischen „Moral", dem Geist der „Unterordnung" und von der Struktur, die der militärische Dienst seinem Leben gab, so deprimierte ihn recht bald schon das ganze Ambiente; die Einsamkeit, die Monotonie der Landschaft und das Kasernenleben: „Es stinkt im Vorhaus nach Wachtmeister und Hundefett, in unserm Vorzimmer nach Franz und nach nicht zimmerreinen Terriers, in unserm Zimmer nach Leder, Seife und Stall." Die Armut in den ostgalizischen Schtetln Czortkow und Tlumacz, wo er im Anschluss zur Waffenübungen antreten musste, ließ ihn dann gar, wie er in einem Brief an den Vater schreibt, seinen „Begriff vom Leben" korrigieren, „von dem, was das Leben für die meisten Menschen ist: es ist viel freudloser, viel niedriger, als man gerne denkt".[238]

Arthur Schnitzler, um 1895.

Die „Liebelei" am Burgtheater

Die Novelle „Sterben" bedeutet für Schnitzler nichts weniger als seinen Durchbruch als Erzähler. Ende März 1895 bittet ihn Samuel Fischer um eine weitere Erzählung, er würde so gerne „den literarischen Erfolg von Sterben durch ein neues Prosawerk ausnützen resp. dadurch ein größeres Publikum für Ihre Produktion erobern".

Schnitzlers Durchbruch als Dramatiker ließ dann nicht lange auf sich warten. Am 3. September 1893 hatte er mit einem Drama mit dem Titel „Armes Mädel" begonnen,[239] das aus ihm nun, zwei Jahre später, einen wirklich berühmten Mann machen sollte. Der Inhalt ist schnell erzählt: Christine Weiring, die Tochter eines alten Violinspielers aus der Vorstadt, geht eine Liebschaft mit dem großbürgerlichen Fritz Lohmeier ein. Was sie nicht weiß, er unterhält gleichzeitig eine Affäre mit einer verheirateten Frau seines Standes, die dem Lebemann, nachdem das Techtelmechtel auffliegt, eine Duellforderung des in seiner Ehre gekränkten Ehemanns einbringt. Im zweiten Akt stattet der melancholische Liebhaber Christine noch einen Abschiedsbesuch in ihrem biedermeierlichen Vorstadtidyll ab. Er wird sich im Anschluss zu seinem Duell aufmachen, wobei er seiner Geliebten gegenüber vorgibt, auf sein Familien-Gut fahren zu wollen. Am Ende des Dreiakters wird Christine die erschütternde Nachricht überbracht, dass ihr Geliebter in einem Duell gestorben ist, ausgerechnet für eine andere Frau. Die Regieanweisung *„Sie stürzt ab"* lässt den düsteren Schlussakkord des Dreiakters erklingen, der zumeist als Selbstmord-Entschluss interpretiert wird.

Im Gegensatz zu den Frauenfiguren bei Anatol, die im Grunde nur Spiegelungen männlicher Sexualgelüste sind, wird Christine mit ihrer Herkunft aus der Vorstadt sozial und psychologisch greifbar. Ihre Auflehnung gegen ihr Schicksal ist ein Protest gegen die sozialen Spielregeln der Liebe, gegen ihre Austauschbarkeit. „Zum Erholen sind sie da!",[240] so erklärt etwa Theodor, ein Freund von Fritz, wie mit „süßen Mädeln" umzugehen ist. Ihr Recht auf die große Liebe, auf das sie pocht, wird ihr im Zeichen des bürgerlichen Trauerspiels aberkannt: „Und ich … was bin denn ich? Was bin denn ich ihm gewesen …?"[241] Alles, worauf Christine hoffen darf, ist eine Vernunftheirat mit einem „anständigen Menschen, der zufällig eine fixe Anstellung hat".[242]

Am 4. Oktober schloss Schnitzler die Arbeit am „Armen Mädel" ab. Es war in der Zwischenzeit zur „Liebelei" geworden. Dass das Stück seinen Freunden Hofmannsthal und Salten so gut gefiel, die es zehn Tage später in seiner Wohnung zu hören bekamen, überraschte ihn. „Sehr erschüttert" ließ es auch Adele Sandrock Anfang Dezember zurück, was dem ewigen Selbstzweifler nun die Gewissheit gab, dass ihm da ein „wirklich gutes Stück“ gelungen war.[243] Doch, wo nur sollte die „Liebelei“ aufgeführt werden?

Zunächst hatte er sich wieder einmal über Bahr zu ärgern. Der nämlich riet ihm, obwohl er das Stück nur vom Hörensagen über Hofmannsthal kannte, es ans Raimundtheater zu geben, das zwei Jahre zuvor als Volksstückbühne gegründet worden war, – „charakteristisch“ für Bahr, wie Schnitzler in seinem Tagebuch schimpfte.[244] Dass Bahr am Raimundtheater als künstlerischer Beirat wirkte, zeigt übrigens sein wachsendes Interesse an der Tradition des Volksstücks; gemeinsam mit Carl Karlweis verfasste er das Stück „Aus der Vorstadt“, das 1893 am Deutschen Volkstheater uraufgeführt wurde. In seinen Essays forderte Bahr – der sich Anfang der 1890er-Jahre doch vor allem für die abgeschlossenen Welten der Décadence-Literaten begeistert hatte – immer vehementer, dass sich das Engagement von Kulturschaffenden an ein breites Publikum richten sollte. „Es gab keine Gemeinschaft, die er als Ausdruck seiner Kräfte fühlen konnte“, kritisierte er entsprechend an dem kurz zuvor verstorbenen österreichischen Schriftsteller Leopold von Sacher-Masoch in einem Essay im März 1895.[245]

Schnitzler jedenfalls hatte ursprünglich selbst an das Raimundtheater und wiederum an das Deutsche Volkstheater als Aufführungsorte seiner „Liebelei“ gedacht, ließ sich dann jedoch gerne von Hofmannsthal überzeugen, es nochmals bei der Burg zu versuchen. Gesagt, getan. Kaum hatte Schnitzler mit seinem Manuskript seine Wohnung verlassen, traf er auf der Straße zufällig auf Theaterdirektor Burckhard, der zu jener Zeit tatsächlich im selben Haus wohnte. Der nahm das Stück gleich an sich, mit der Versicherung, es auf seiner bevorstehenden Reise lesen zu wollen. Wenige Tage später dann – ein Telegramm aus Berlin. Sein Stück war beim Burgtheater angenommen![246]

Jetzt galt es nur mehr, ein paar wenige Stolpersteine aus dem Weg zu räumen. Da Burckhard fürchtete, die „Liebelei“ könnte die Zensur nicht passieren, sollte das Stück bereits vorab zu Ludwig Speidel, dem Kritikerpapst der Wiener Jahrhundertwende. Ein positives Urteil könnte einen günstigen Eindruck bei den oberen Behörden machen, war Burckhard überzeugt. Hofmannsthal half bei der Vermittlung. Über diesen ging es zu Theodor Gomperz, einen angesehenen Professor für Klassische Philologie in Wien, den Bruder der verstorbenen Josephine von Wertheimstein; über ihn fand es schließlich zu Speidel, der es mit einem Brief über denselben Weg retournierte. Das Stück gefalle ihm ausgezeichnet, ließ er ausrichten, außerdem rate er dazu, Adele Sandrock für die Rolle der Christine Weiring zu gewinnen; sie würde das Stück „wohl zum Siege führen".

Das nun betraf den zweiten Stolperstein[247]: über Monate war die Besetzung der weiblichen Hauptrolle offengeblieben, was die Aufführung um mehr als ein halbes Jahr verzögerte. Burckhard setzte alles daran, das Stück hochkarätig zu besetzen, Adolf von Sonnenthal, selbst für ein Jahr Burgtheaterintendant und eine Koryphäe des Konversationsstücks, spielte den Vater Weiring, Friedrich Mitterwurzer übernahm die Rolle des „Herrn". Nur wollte die 37-jährige Stella von Hohenfels, die Burckhard als einzige seines Ensembles dafür geeignet hielt, die Rolle der Christine Weiring partout nicht übernehmen, zu sehr fürchtete sie, in den Strudel des skandalträchtigen Stücks selbst hineingezogen zu werden. Ohne Zweifel, die „Liebelei" barg Sprengstoff. Man war es hier an der Burg immer noch nicht zu sehen gewohnt, dass leichtsinnige Mädchen leichtlebige Bürgersmänner in ihre Zimmer ließen und dabei am Ende nicht einmal als „Gefallene" galten! Hier war ein Autor, der den unkeuschen Mädchen seine zärtliche Zuneigung entgegenbrachte, und dem jungen weiblichen Theaterpublikum förmlich aufdrängte, das zumindest befürchtete Burckhard, den Sinn ihrer vorehelichen Enthaltsamkeit zu hinterfragen.[248] Burckhard sah sich also gezwungen, um Adele Sandrock zu werben, die sich zu Beginn noch zierte, schließlich aber doch annahm. Ihr Engagement am Wiener Burgtheater hatte erst kurz zuvor begonnen.

Sandrock, die seit 1889 beim Deutschen Volkstheater unter Vertrag gestanden hatte, war schnell zum neuen Shootingstar der Schauspielszene aufgestiegen. Sie war eine der ersten wirklich modernen Schauspielerinnen Wiens. Sie setzte nicht auf Grazie und kalkuliertes Pathos, sondern auf Expressivität und Ausdruck. Wie kaum eine andere Bühnenkünstlerin verstand sie es, die hypersensiblen, gar „hysterischen" Frauenfiguren der zeitgenössischen Stücke zu verkörpern. Mit ihren divenhaften Allüren und ihrem extravaganten Privatleben war sie außerdem immer wieder für Skandale gut.

Gerade in der Zeit, in der Sandrock am Burgtheater als Maria Stuart ihr Debüt gab, etwa ein halbes Jahr vor ihrem „Liebelei"-Engagement, trennten sich Schnitzler und sie. Die Beziehung hatte am Tag nach der Premiere seines „Märchens" am Deutschen Volkstheater, in dem Sandrock die weibliche Hauptrolle spielte, ihren stürmischen Anfang genommen – „Plötzlich rasende Küsse" in ihrem Schlafzimmer.[249] Er fühlte sich geschmeichelt, von einer Berühmtheit verführt zu werden, doch hielt das Hochgefühl nicht lange an. Ihre Stimmungsschwankungen, Launenhaftigkeit und Exzesse wurden ihm bald zur Last. Nach einem Monat schon war seine Leidenschaft verflogen, wie das Tagebuchnotat von Silvester 1893 zeigt, in dem Schnitzler schildert, wie er zu später Stunde seine Geliebte in ihrer Wohnung aufgesucht hatte und nicht sie, sondern der Freund ihrer Schwester, Hermann Bahr, „etwas betrunken" die Tür öffnete: „Zwei Champagnerflaschen stehen auf dem Nachtkastl. – Sie ist zärtlich mit Bahr um mich zu ärgern – es war mir angenehmer als wenn sie mit mir zärtlich gewesen wäre.– Bahr ging. Ich blieb.– Wie ich sie hasste! mit ihren Dummheiten und mit ihren Extasen. Wie ich ihr so höhnisch auf ihre Fragen, ob ich sie lieb etc. ja erwiderte, dass es fast schon wieder wie Liebe klang.– Wie froh ich war um 2 ½ wegzugehn."[250]

Adele Sandrock gefiel sich für seinen Geschmack zu sehr in der Rolle der Verführerin. In Wirklichkeit wolle sie ja doch „nur eine neue Sensation und das ‚süße Menschenfleisch'",[251] so verdächtigte er sie gleich nach wenigen Tagen eines Seitensprungs. Obwohl Schnitzler selbst keinesfalls daran dachte, seine Gewohnheit, sich mehrere Geliebte gleichzeitig zu halten, für Adele Sandrock aufzugeben, war er

Adele Sandrock. Rollenbildnis, Atelier Adèle, um 1885.

doch von ihrer provokativen Offenherzigkeit enerviert: „Bist du wem untreu – Tröst dich, ich auch".[252]

Im April 1894 begann dann das „Kokettiren Dillys mit Salten".[253] Es blieb bekanntlich nicht beim Kokettieren, was Schnitzler schließlich einen Trennungsgrund lieferte. Schnitzler ließ sich von Salten, der sich ausgezeichnet in der Rolle des Verführten gefiel, genau über den Prozess ihres Näherkommens informieren. „Füßeln"[254] war es noch am 20. Januar, drei Tage später kam es dann zum Seitensprung. Auch wenn ihm Saltens Geständnis zuerst einmal einen „Stoß" versetzte, fühlte er sich doch gleichzeitig „erlöst". „Ich kann mir nicht helfen – ich bin ihm geradezu dankbar."[255]

Als am 18. September die Leseproben für die „Liebelei" begannen, und die beiden wieder aufeinandertrafen, würdigte sie Schnitzler keines Blickes. Sie ignorierte ihn, doch das schien ihn nicht im Geringsten zu stören, war er doch gerade genug damit beschäftigt, den sich anbahnenden Erfolg zu verarbeiten. Sein Tagebuch ließ er wissen: „Es muss festgehalten werden, dass ich heute einen ‚kühnen Traum' verwirklicht gesehen habe, als Dichter ins Burgtheater zu gehen."[256]

Die Premiere fand am 9. Oktober statt. Burckhards Befürchtung, das Stück könnte ihm das „Genick brechen", sollte sich nicht bewahrheiten, ganz im Gegenteil, es gab tosenden Applaus für Schauspieler und den Dichter, der gleich mehrfach auf die Bühne geholt wurde. Auch der Hof war zugegen. Erzherzog Karl und Erzherzogin Maria Theresia verfolgten den Dreiakter von der Kaiserloge aus. Das Stück musste ihnen gefallen, denn sie blieben bis zum Ende, wie man später aus der Zeitung erfuhr. Das entsprach keineswegs der kaiserlichen Sitte. Selbst der Kaiser sah die „Liebelei" in einer späteren Aufführung. Dem Maler Horowitz gegenüber soll er geäußert haben, so erfuhr Schnitzler später über Burckhard, dass er es überhaupt nicht verstehe, „dass man so ein Stück im Burgtheater aufführt".[257] Dass Kaiser Franz Joseph mit moderner Kunst und Literatur wenig anzufangen wusste, stellte er mehrfach unter Beweis.

Auch wenn die Kritiker uneins waren über Schnitzlers Drama – besonders wurmte den Autor die kalkuliert negative Kritik in der *Zeit* von seinem Schriftstellerkollegen Bahr –, beim Wiener Publikum jedenfalls kam das Stück überaus gut an. Der Erfolg der „Liebelei", die sich bis 1910 auf dem Spielplan der Burg hielt, hatte durchaus auch mit ihrem hohen Identifikationspotenzial zu tun. Das Stück spielt, wie ein Großteil der Dramen Schnitzlers, in der Gegenwart, an Orten, die das Publikum kannte, zeigt Figuren und Schicksale, die aus dem Alltag gegriffen waren. Eine Seltenheit in einer Zeit, in der das Theater vor allem die Schaulust des Bildungsbürgertums befriedigte.

„Liebelei" von Max Ophüls. Französisches Filmplakat von 1933.

Für Schnitzler ging es nun jedenfalls Schlag auf Schlag, die „Liebelei" ging auf Reisen. Das Stück wurde in Frankfurt gezeigt, am 4. Februar am Deutschen Theater in Berlin, wo Schnitzler ‚seinen' zukünftigen Theatermacher Brahm und Verleger Samuel Fischer persönlich kennenlernte. Im Anschluss ging es nach Köln, München, Graz und Prag, Pressburg, Verona und Mailand, sogar nach Athen, Sofia und in mehrere russische Städte; schon 1897 wurde die „Liebelei" in New York gespielt, noch auf Deutsch, 1905 kam es dort als „Flirtation" erstmals auf Englisch auf die Bühne, 1914 folgte dann die erste Verfilmung.[258] Die „Liebelei" hatte Schnitzler zu einem berühmten Mann gemacht. Und doch schrieb er noch Ende Januar 1896 in sein Tagebuch: „Statt die Empfindung zu haben, ich stehe jetzt auf der Höhe, habe ich nur die: In 10, 15 Jahren ist es aus."[259] Er blieb, was er war: ein Skeptiker und Selbstzweifler.

Schnitzlers „Liebelei" am Burgtheater 1895 – Es war der erste Durchbruch eines Künstlers aus den Reihen des Jungen Wien. Das Interesse der Zeitungsschreiber und das „Reden der Leute" zeige, so ließ Hofmannsthal Schnitzler wissen, dass er „jetzt dieses unberechenbare und schwer zu definierende erworben" habe, „womit man Aufmerksamkeit und Bewunderung erzwingen kann". Schnitzler war nun hochoffiziell als Dichter beglaubigt worden. Für die „Darstellung tiefer und kühner Dinge" müsse er sich zukünftig nicht mehr mit dem Beifall „von 3 oder 4 Freunden" begnügen, das stand nun wirklich fest.

Keine Frage, der Erfolg hatte der ganzen Gruppe Aufwind gegeben. Nicht nur, weil Schnitzlers Ruhm die anderen vom eigenen träumen ließ, sondern auch, weil die kritischen Besprechungen jener Zeitungsschreiber, die es nicht so gut mit Schnitzler und seinem Stück meinten, gleich die ganze Clique zur Zielscheibe machten und die anderen so, mehr durch Zufall, auch etwas von Schnitzlers Ruhm abbekamen – „die Verspottung des Anonymen. Ist es der kleine Kraus?", war Hofmannsthal begierig zu erfahren. „There's no such thing as bad publicity", mag sich Hofmannsthal jedenfalls gedacht haben, als er Schnitzler anvertraute, dass er durchaus froh wäre, „wenn solche Sachen viel öfter geschrieben würden und auch Karikaturen von uns gezeichnet. Das wird sich auch immer steigern, je mutiger und besser wir werden". Ein gediegenes Maß an öffentlicher Anfeindung sah Hofmannsthal also als Kennzeichen für Erfolg: „Von der Generation von Philologen und Dilettanten die vor uns war, wirds nicht viel Verhöhnung geben."[260]

Die gewünschten literarischen Fehden ließen nicht lange auf sich warten. Es war immer wieder Karl Kraus, von der Gruppe verächtlich „der kleine Kraus" genannt, der in den kommenden Jahren gegen das Junge Wien polemisieren sollte. Stand man zu Beginn der 1890er-Jahre noch in gutem Verhältnis, so hatten sich Kraus und die Gruppe einander zunehmend entfremdet, was sich auch an einer ganzen Reihe kleiner und größerer Abfälligkeiten in Tagebüchern und Korrespondenzen ablesen lässt.

Im Mai 1893 bereits hatte er sich kritisch mit Hermann Bahrs Essaysammlung „Die Überwindung des Naturalismus" auseinandergesetzt. Als Reaktion auf Bahrs Forderung einer nach-naturalistischen, symbolistischen Literatur, die sich stärker der hypersensiblen Psyche des modernen Menschen zuwenden solle, forderte Kraus als Vertreter einer engagierten Kunst die „Überwindung des Hermann Bahr". Bis zum Frühjahr 1895 hatten sich auch die Fronten zwischen Kraus und den übrigen Jung Wienern verhärtet, wohl auch deshalb, weil diese sich nicht, wie er erhoffte, von Bahr lösten. Im Griensteidl, so schrieb Kraus in einem Artikel in der *Neuen Freien Presse* Mitte Juni 1895 süffisant, würden „die Talente so dicht an einem Kaffeehaustisch zusammensitzen, daß sie einander gegenseitig an der Entfaltung hindern".[261]

Ein halbes Jahr später kam es zur legendären Ohrfeige im Kaffeehaus. Wohl über Kraus hatte Salten seine Geliebte, die Sozialdemokratin Lotte Glas, kennengelernt, mit der er seit Sommer 1894 ein Paar war. Im Frühjahr darauf brachte Glas, nachdem auch sie die Zeit ihrer Schwangerschaft abseits der Öffentlichkeit in Niederösterreich verbringen musste, ein Kind zur Welt, das jedoch bereits im Säuglingsalter verstarb; Ende des Jahres trennte sich Salten von Lotte Glas. Nachdem Kraus dessen Liebesverhältnis mit der Burgschauspielerin Ottilie Metzl im Dezember 1896 in der *Wiener Rundschau* öffentlich bekannt machte, schlug ihm Salten im Café Griensteidl „zwei Mal klatschend ins Gesicht".[262] Die Handgreiflichkeit, die, wie Schnitzler kommentiert, „allseits freudig begrüßt wurde",[263] brachte Salten vor Gericht eine Strafe von 20 Gulden ein.

Ein paar Wochen später, wenige Tage vor der Schließung des Café Griensteidl Ende Januar 1897, folgte dann der „ziemlich tückische Angriff" in großem Stil,[264] den Schnitzler kommen gesehen hatte. Unter dem Titel „Die Demolirte Literatur", zunächst in der *Wiener Rundschau* in einer Serie von Artikeln publiziert, sollte der 22-Jährige den Abriss des Kaffeehauses zum Anlass nehmen, gegen die Demontage der zeitgenössischen Literatur zu polemisieren und dabei mit all jenen abzurechnen, die seiner Meinung nach dafür verantwortlich waren. „Wien wird jetzt zur Grossstadt demolirt“, so setzt Kraus ironisch ein. „Mit den alten Häusern fallen die letzten Pfeiler unserer Erinnerungen, und bald wird ein respectloser Spaten auch das ehrwürdige Café Griensteidl dem Boden gleichgemacht haben [...]. Unsere Literatur sieht einer Periode der Obdachlosigkeit entgegen, der Faden der dichterischen Production wird grausam abgeschnitten“.[265] Hauptziel des Rundumschlags blieb Hermann Bahr, der „Herr aus Linz“,[266] der in seiner „absolutistischen Geschmacksdictatur“ seinen „Jüngern“ verbiete, „von dem Kaiserfleisch des Naturalismus zu essen“.[267]

Die Kritik des Ausnahmesatirikers Kraus an den Jung Wienern lässt sich nicht auf persönliche Rachegelüste verkürzen. Kraus übt Kritik an der Oberflächlichkeit, Posen- und Kostümverliebtheit der Literaten und ihrer Literatur: Beer-Hofmann verstecke sich hinter seiner Dandymaske, Hofmannsthal und Bahr epigonenhaft hinter dem Leitstern Goethe; Schnitzler, der Autor, „der das Vorstadtmädel burgtheaterfähig machte“,[268] hinter oberflächlichen und stets schwankenden Stimmungen, die der Autor und seine literarischen Figuren, „Lebemänner und Grisetten“, bräuchten, um selbst in Stimmung zu kommen. Und dann ist da noch die Kritik an der Kommerzialisierung und Boulevardisierung der Literatur und an der Phrasenhaftigkeit des Literatur-

Karl Kraus: „Die demolirte Literatur“, Titelseite, 1897.

Journalismus.[269] Salten sei der Inbegriff des Journalisten, der Sprache für seine feuilletonistischen Zwecke missbrauche und damit degenerieren lasse. Die „Verwechslung des Dativs mit dem Accusativ", von Kraus auch später in der Fackel immer wieder als „Eigenart" des im „journalistischen Dienste hart mitgenommenen" Salten ironisiert, gelinge diesem immer noch mit „unverminderter Jugendfrische".[270]

Mit der Gründung der *Fackel*, einer satirischen Zeitschrift, die zwischen April 1899 und Februar 1936 in 922 Nummern erschien und die Kraus ab 1911 fast gänzlich selbst „befüllte", schwang sich der streitsüchtige Querdenker zum wichtigsten Vorkämpfer gegen die Verwahrlosung der deutschen Sprache und den Hetzjournalismus der „Journaille" sowie gegen die Bestechlichkeit der Herausgeber auf.

Das Verhältnis zwischen den Jung Wienern und Kraus blieb ein Leben lang schwierig. Beide Seiten hatten das Nötige dazu beigetragen. Gerade während des Ersten Weltkriegs sollte sich der Konflikt verschärfen. Bahrs und Hofmannsthals publizistisches Eintreten für den Krieg stellte der Kriegsgegner Kraus mehrfach öffentlich an den Pranger. In seinem Antikriegsdrama *Die letzten Tage der Menschheit*, in dem er in 220 Szenen die Absurdität und Unmenschlichkeit des Krieges veranschaulicht, ließ er Hofmannsthal sogar als Figur auftreten.

Die Abneigung beruhte auf Gegenseitigkeit. In einem Brief von 1924 an Max Rychner, der gerade eine Broschüre zu Karl Kraus herausgegeben hatte, sollte Hofmannsthal seine ablehnende Haltung gegenüber Kraus ausführlich darlegen: „Ich habe ihn vor dreißig Jahren recht gut gekannt ... Es war auch damals nichts in ihm, auch kein Wille, sich zu fundieren, nichts als ganz kurze Zwecke und Absichten. Wäre aber auch irgend eine Substanz in ihm gewesen, so hätte er sie vergeudet: Keine Individualität verträgt ein Da-sein, das nur auf Polemik gestellt ist, und nicht einmal Polemik reeller Art, die auf Herbeiführung politischer Veränderung ausgeht, sondern eine Polemik, die sich immer gegen den Schein und die Form von Dingen richtet, aber selber von diesen Scheinen und Formen nicht loskann."[271]

6

Von Entdeckungen und Entwicklungen

Die elfte Vorstellung der „Liebelei" – es war Ende November 1895 – besuchten Schnitzler, Hofmannsthal und Beer-Hofmann gemeinsam mit zwei Bekannten aus Berlin, Lou Andreas-Salomé und Frieda von Bülow. Die 38-jährige Bülow, eine begeisterte Afrikareisende, missionierte im Deutschen Reich seit Beginn der 1880er-Jahre für die Kolonialidee; sie gründete den „Frauenverein für Krankenpflege in den Kolonien" und führte, als sie im Jahr 1888 an Malaria erkrankte und ihre Reisetätigkeit einschränken musste, den Kolonialroman in die deutschsprachige Literatur ein.

Lou Andreas-Salomé eilte der Ruf voraus, eine Vertraute Friedrich Nietzsches gewesen zu sein, als sie und Bülow bereits im Mai 1895 das erste Mal in Wien aufgetaucht waren. Sie schrieb die allererste Monografie über den Philosophen – der sie regelmäßig mit Heiratsanträgen bestürmt hatte –, „Friedrich Nietzsche in seinen Werken", zudem eine viel beachtete Studie zu Henrik Ibsens Frauenfiguren. Ihre intellektuelle Herkunft weckte von Beginn an das Interesse der Jung Wiener, fast nervös klang Hofmannsthal, als er sich bei Beer-Hofmann erkundigte: „Hat sie über etwas von meinen geschriebenen Sachen etwas präcises geredet?"[272]

Salomé fühlte sich wohl in der Runde der Männer. Deren Freundschaft empfand sie als außergewöhnlich, gerade weil die Autoren, wie sie meinte, doch allen Grund gehabt hätten, in Liebes- und Berufsdingen ganz dem Konkurrenzdenken zu verfallen. Im Mai und Anfang Juni traf man sich ununterbrochen, machte Ausflüge in den Prater und in

Lou Andreas-Salomé, Arthur Schnitzler und Richard Beer-Hofmann, um 1895.

die umliegenden Ortschaften Wiens. Nach einem gemeinsamen Aufenthalt in Salzburg und München im Spätsommer verbrachte Salomé einige Tage allein mit Beer-Hofmann in Schönberg im Stubaital. Ursprünglich war eine Strandpartie in der Nähe Kopenhagens geplant, aber der launische Beer-Hofmann war dazu am Tag vor der Abreise dann doch nicht mehr in „Stimmung".

Lou Andreas-Salomé ist die erste Frau, die in Beer-Hofmanns Ereignischronik, den „Daten", aufscheint; wohl auch die erste, die beim feinsinnigen Schriftsteller ein wirkliches Interesse ausgelöst hat. Salomé gefiel ihm zweifellos und er gefiel ihr. Dass sie seit knapp zehn Jahren mit dem Orientalisten Friedrich Carl Andreas verheiratet war, sollte einer „Liebelei" keinesfalls im Wege stehen. In die Heirat mit dem fünfzehn Jahre Älteren hatte Salomé nur unter der Bedingung eingewilligt, die Ehe niemals sexuell vollziehen zu müssen. Friedrich Carl Andreas akzeptierte, machte ihr in den ersten Jahren dann aber doch immer wieder Szenen wegen ihrer Beziehungen zu anderen Männern – etwa jener zu Rainer Maria Rilke in den Jahren von 1897 bis 1900, die nicht nur platonisch war.

Was auch immer zwischen Beer-Hofmann und Salomé hoch oben in den Stubaier Alpen passierte – lange hielt das Liebesglück nicht an. Die Tage in der Idylle verliefen nicht konfliktfrei. Dass es in einer Tour regnete und bitterkalt war, schlug auf die Stimmung. „Streit", notierte Salomé am 13. September in ihr Tagebuch und Beer-Hofmann vermeldete Schnitzler am gleichen Tag: „Von morgen früh an bin ich allein!!! [...] Im übrigen teile ich Ihnen mit daß es am schönsten ist allein zu reisen", um dann noch hinzuzufügen: „Uns zwei (Mich und Sie!) und Hugo ausgenommen."[273] Das sagt alles.

Ende November kam es also zum Wiedersehen in Wien. Neben dem gemeinsamen Besuch der „Liebelei" stand für die beiden vor allem eine Aussprache auf dem Plan. Die erfolgte am 4. Dezember und brachte endgültig die Klärung über den Status ihrer „Beziehung": „Ich nehme an, daß wir uns nach unserm gestrigen Wortwechsel als gute Freunde

Arthur Schnitzler, Alfred Kerr und Paul Goldmann (von links nach rechts) am Schlappiner Joch, 19. August 1900.

wiedersehen werden, so oft Sie Zeit und Lust haben in alter Weise mit den Andern und mir zusammenzukommen."[274] Nicht mehr als gute Freunde also. Der Brief Salomés erreichte den aufgewühlten Beer-Hofmann, der gerade eine schlaflose Nacht hinter sich hatte, am Morgen des 5. Dezember. Es sollte einer der bedeutendsten Tage im seinem Leben werden, ein Wendepunkt, den er so ersehnt hatte. Denn es lief nicht recht rund bei Beer-Hofmann. Die Arbeit an einer bereits 1893 unter dem Titel „Der Götterliebling" begonnenen Novelle ging schwer von der Hand, der Dichter klagte über generelle Lethargie; und dann war da noch das freudlose Wiedersehen mit Salomé. Der Entschluss war nun gefallen, er wollte auf Weltreise gehen. Das Leben so weiterzuführen ertrage er nicht, er brauche fremde Länder, neue Menschen, Inspiration! Schreiben wolle er erst dann wieder, wenn er zurückkomme, und einen nicht zu unterdrückenden Trieb dazu verspüre.[275]

Dazu kam es nicht. Am Nachmittag des gleichen Tages begegnete er im Süßwarenladen „Viktor Schmidt und Söhne" in der Wiener Innenstadt der erst siebzehnjährigen Verkäuferin Paula Lissy. In seinem Erinnerungsbuch „Paula. Ein Fragment" schildert er das Kennenlernen als Erweckungserlebnis: „Alles erlischt, was vorher war, eine Flut bricht aus mir, und auf ihr treibt Alles, was mir Leben schien – Neues hat begonnen – was vorher war, war ein Eingepupptsein – das hier ist meine wahre Geburt."[276] Hals über Kopf verliebte sich Beer-Hofmann in die dreizehn Jahre Jüngere und brachte Winter und Frühjahr vor allem damit zu, um Paula Lissy zu werben. Er führte seine Geliebte, die aus kleinbürgerlichem Hause stammte und seit dem Tod ihrer Mutter – das war in ihrem fünfzehnten Lebensjahr – als Verkäuferin für ihren eigenen Unterhalt sorgen musste, schnell in sein Leben als Bohemien ein.

Dazu gehörte auch ausgiebiges Reisen. Mitte des Jahres 1896 verabschiedeten sie sich zum ersten Mal gemeinsam in die Sommerfrische nach Fürberg am Wolfgangsee. Es waren vielleicht die unbeschwertesten, glücklichsten Tage im Leben Richard Beer-Hofmanns, die sehr eindrücklich im Kapitel „Paula. Herbstmorgen in Österreich" seines Erinnerungsbuchs geschildert sind. Im Sommer 1896 unternahm das Paar eine Reise nach Dänemark, wohin Beer-Hofmann ein Jahr zuvor noch mit Lou Andreas-Salomé zu reisen geplant hatte. In Kopenhagen trafen sie auf Paul Goldmann und Schnitzler, der bereits Anfang Juli zu einer Nordlandreise aufgebrochen war, auf der er auch Henrik Ibsen in Christiania (dem heutigen Oslo) einen Besuch abstattete. Von Kopenhagen waren die vier dann gemeinsam nach Skodsborg gefahren, ein Seebad nördlich der Hauptstadt, wo man noch einige Tage gemeinsam mit „Schwimmen, Essen, Arbeiten, Lesen, recht angenehm" zubrachte.[277]

Bereits im Jahr darauf kam die gemeinsame Tochter Mirjam zur Welt. Für sie schreibt er das „Schlaflied für Mirjam", ein Gedicht, das zum Großteil während einer Tramwayfahrt entstand und zu seinem bekanntesten werden sollte. Rainer Maria

Paula Lissy (ab 1898 Beer-Hofmann), um 1896.

Rilke konnte es auswendig und trug es auch immer wieder öffentlich vor, etwa im Worpsweder Malerkreis, dem auch die Bildhauerin und Malerin Clara Westhoff angehörte, ab 1901 seine Frau. Sie sprach das „Schlaflied", so berichtete Rilke Beer-Hofmann, nach der Geburt der Tochter Ruth, „manchmal am Abend, Wort für Wort, ohne zu zögern, wie aus tiefem selbstverständlichem Wissen heraus, über dem schlafenden Kinde".[278]

Schlaf mein Kind, schlaf, es ist spät –
Sieh wie die Sonne zur Ruhe dort geht.
Hinter den Bergen stirbt sie in Rot.
Du weißt nicht von Sonne und Tod.
Wendest die Augen zum Licht und zum Schein.
Schlaf, es sind so viel Sonnen noch dein.
Schlaf mein Kind, mein Kind schlaf ein.

Schlaf mein Kind, der Abendwind weht.
Weiß man woher er kommt, wohin er geht?
Dunkel verborgen die Wege hier sind
Dir und auch mir und uns allen mein Kind.
Blinde so gehn wir und gehen allein.
Keiner kann keinem Gefährte hier sein.
Schlaf mein Kind, mein Kind schlaf ein.

Schlaf mein Kind, und horch nicht auf mich.
Sinn hats für mich nur und Schall ists für dich.
Schall nur wie Windes wehn, Wassergerinn,
Worte vielleicht eines Lebens Gewinn!
Was ich gewonnen, gräbt man mit mir ein.
Keiner kann keinem ein Erbe hier sein.
Schlaf mein Kind, mein Kind schlaf ein.

Schläfst du Mirjam, Mirjam mein Kind?
Ufer nur sind wir und tief in uns rinnt
Blut von Gewesenen, zu Kommenden rollts.
Blut unsrer Väter voll Unruh und Stolz.
In uns sind alle, wer fühlt sich allein?
Du bist ihr Leben, ihr Leben ist dein.
Mirjam mein Leben, mein Kind, schlaf ein.

Aus dem „Schlaflied" lässt sich auch die große Metamorphose des Richard Beer-Hofmann herauslesen. Seit der Geburt Mirjams war er nun nicht mehr der „prätentiös-gelangweilte" Décadent der frühen Jahre, der nicht recht wusste, wohin mit seinem Leben, stets melancholisch und unglücklich, der „Miesmacher", wie ihn „Hermann Cagliostro (Bahr)" genannt hatte.[279] Hier sind die Anklänge an die dekadente Endzeitkunst schon längst verhallt, wie sie in seinen früheren Dichtungen noch zu hören waren, in denen Leben und Tod bloß als ästhetische Stimulantien dienlich waren. Die Vaterschaft hatte ihn zu einem unersetzlichen Verbindungsstück einer jüdischen Ahnenkette gemacht. Den Kreislauf „Geburt – Leben – Tod" sah Beer-Hofmann nun in einer jüdischen „Blutmetaphysik" aufgehoben.[280]

Paula Beer-Hofmann, Arthur Schnitzler und Richard Beer-Hofmann, um 1900.

An Hofmannsthal schrieb er wenige Wochen nach der Geburt seiner Tochter: „Jetzt aber scheint es mir als hätte ich ein unveränderliches und sicheres Maß geschenkt bekommen das mich abhält Leeres und Gleichgiltiges für voll und wichtig zu nehmen. Denn es gibt Nichts was so einfach, klar und unverrückbar wäre wie das Verhältnis von Vater zu Kind. Denn das ist nicht irgend eine Beziehung des Lebens, es ist ja das Leben selbst; im ‚vom Anderen stammen und Andere zeugen' lebt ja das Leben."[281]

Nirgendwo lässt sich die Verwandlung des Schriftstellers besser beobachten als im „Götterliebling", dem wichtigsten Werk seiner Jung Wiener Jahre, dessen Arbeitsprozess um 1895 zwischenzeitlich ins Stocken geraten war. Die Erzählung, die äußerst komplex Traum und Wirklichkeit miteinander verwebt, sollte schließlich 1900 unter verändertem Titel, „Der Tod Georgs", bei S. Fischer erscheinen. Nach „Novellen", der Veröffentlichung seiner gesammelten Erzählungen „Camelias" und „Das Kind" im Jahr 1893 beim Berliner Verlag Freund und Jäckel, war das seine zweite Buchpublikation. Paul, der Protagonist der Erzählung – nicht Georg, wie der Titel meinen lässt –, führt es darin vor: Er überwindet seinen Narzissmus und sein Dandytum, das auf das Erleben flüchtiger Stimmungen ausgerichtet ist, und findet längerfristigen Halt in der Tradition des jüdischen Volkes. Paul spürt, dass in ihm das „Blut" seiner religiösen Vorfahren fließt, „ein Volk von Erlösern, zu Dornen gesalbt und auserwählt zu Leiden [...]. Und von ihrem Blute war auch er."[282] In der kollektiven Identität des Judentums kann er seinen radikalen Individualismus überwinden. Das Ende der Erzählung – Pauls Gang vom Schlosshof, dem Garten der ästhetizistischen Wahrnehmung, in die Stadt, mehreren Arbeitern, die eine „fremde Sprache" sprechen, hinterher – gibt auch die Richtung vor, die Beer-Hofmanns Schaffen nahm: Bald nämlich sollte das Judentum zum Kristallisationspunkt seines Lebens und Schaffens werden. Nach Abschluss seines fünfaktigen Trauerspiels „Der Graf von Charolais", das im Dezember 1904 im Neuen Theater in Berlin unter der Regie von Max Reinhardt uraufgeführt wurde und dem Autor gemeinsam mit Gerhard und Carl Hauptmann den Volksschillerpreis eintrug, begann er sich vorrangig mit jüdischen Stoffen zu beschäftigen. Seine

Dramen-Trilogie „Die Historie von König David" blieb unabgeschlossen; fertiggestellt wurde nur das Vorspiel „Jaákobs Traum", das 1918 im Burgtheater uraufgeführt wurde, und das erste der drei Dramen, „Der junge David" (1933).

„Ins Ischler Treiben rühr ich mich gar nicht hinein"

Ischl, Petter, 1. IX [1899]

Mein lieber Richard, ich lebe hier neben Arthur, habe heute den 3ten Act von meinem Stück beendet. Gegen Abend fahren wir Rad oder gehen spazieren. Es freut uns unbeschreiblich und mir ist es wirklich eine große Verschönerung meiner Existenz zu denken, daß Sie arbeiten. Ich habe an Ihrer Novelle so oft ich daran denke, große Freude, und der so starke menschliche Stoff Ihres Stückes bildet wieder einen angenehmen Gegenstand des Nachdenkens neben meinem so ganz phantastischen Stück und Arthurs sonderbar buntem. Ich hoffe bestimmt, zwischen dem 15ten und 20ten September bei Ihnen zu sein.

Von Herzen
Ihr Hugo[283]

Ein Schreibtisch mit Aussicht auf den Dachstein. Im Ischler Sommer 1899 arbeitete Hofmannsthal an seinem Dreiakter „Das Bergwerk zu Falun" nach einer Vorlage von E. T. A. Hoffmann, während Schnitzler an seinem Historiendrama „Der Schleier der Beatrice" schrieb, das er bereits im Frühling des Vorjahres begonnen hatte. In ihren Briefen an den von heftigen Stimmungsschwankungen geplagten Beer-Hofmann, der gerade im Südtiroler Vahrn weilte, ließen sie keine Gelegenheit aus, ihn an die „Schönheit" seines ersten größeren Werks, „Der Tod Georgs", zu erinnern; das sollte den Freund auch dazu ermutigen, sein Schreibwerkzeug öfter in die Hand zu nehmen. Die Arbeit an seinem

Esplanade in Bad Ischl. Postkarte, vor 1905.

Trauerspiel „Der Graf von Charolais“ war ihm allerdings bereits in den vergangenen Wochen überraschend leicht von der Hand gegangen.

Nach dem ereignisreichen Frühjahr 1899, in dem nun auch Hofmannsthal der Sprung auf die große Theaterbühne gelungen war, neigte sich ein langer Sommer seinem Ende zu. Darin, dass der Sommer lang war, glich er all den anderen; jenen der Kindheit und Jugend der Autoren und jenen, die sie in ihren späteren Jahren im Kreis ihrer eigenen Familien verleben sollten. Anfang des Sommers hatten sich die Jungautoren auf Sommerfrische begeben, wie so oft ins Salzkammergut, Ausseerland und nach Kärnten. Schnitzler war Mitte Juli mit seiner Mutter und Schwester nach Velden am Wörthersee gefahren, während Beer-Hofmann bereits seit einigen Wochen mit Frau, Kindern und seinem Vater im etwa 60 Kilometer entfernt gelegenen, etwas weniger mediterranen Seeboden am Millstätter See weilte. Hofmannsthal war Anfang Juli nach Marienbad, in den böhmischen Kurort, aufgebrochen, im Verlauf des Sommers dann nach Altaussee weiterzogen. Vom 5. bis zum 15. August hatten Richard Beer-Hofmann und Arthur Schnitzler gemeinsam mit dem deutschen Schriftsteller Jakob Wassermann eine Wanderung in den Dolomiten unternommen. Wassermann, der in den 20er-Jahren zu den meistgelesenen deutschsprachigen Autoren gehörte, war ein Jahr zuvor als Berichterstatter für die *Frankfurter Zeitung* nach Wien gekommen und hatte sich dort schnell der Gruppe angeschlossen. Er sollte 1920 die Villa Leopold von Andrians erwerben und seinen Wohnsitz schließlich ganz nach Altaussee verlegen. Die Zehntagestour der drei war von Toblach über Cortina d'Ampezzo und Paneveggio nach Bozen verlaufen, auf dem Rückweg machte man in Igls bei Innsbruck noch einen kurzen Stopp bei Samuel Fischer. Von dort ging es für Schnitzler zurück ins Salzkammergut, hierher nach Ischl, wo er mit Salten und dessen Geliebter zusammentraf und wohin auch Hofmannsthal bald kommen sollte. Das war der ganz normale Sommerfrische-Wahnsinn, der sich jedes Jahr so oder so ähnlich abspielte.

Ischl war in den letzten Jahrzehnten der Donaumonarchie zum Sommerdomizil zahlreicher Künstler, etwa der Komponisten Johannes Brahms und Johann Strauß, später Franz Lehár geworden. Der Grundstein für den Ischl-Boom wurde Mitte des 19. Jahrhunderts gelegt. Dass hier nämlich in den 1820er-Jahren Badestuben, Heil- und Solebäder errichtet worden waren, blieb auch dem Kaiserhaus nicht verborgen. Nachdem Kaiser Franz Joseph den Ort ab 1849 zur kaiserlichen Sommerresidenz gewählt hatte, standen Kur und Sommerfrische bald hoch im Kurs. Es war der eigentliche Beginn des Tourismus in Österreich, dessen Vorbilder natürlich viel weiter, bis in die Antike zurückreichen – schon damals war es für den Adel üblich, zur Betreuung der landwirtschaftlichen Betriebe im Sommer auf den Landsitz umzuziehen; in der Renaissance, knapp tausend Jahre später, wurde das Ritual wieder aufgenommen; die Aristokratie verlegte für wenige Monate den Hausstand vom Stadtpalais in die Sommerresidenz. Mit der Industrialisierung begann auch das wohlhabende Bürgertum, sich Landhäuser errichten zu lassen, der Ausbau des Eisenbahnnetzes tat das Seine. Die Semmeringbahn wurde gebaut und 1854 auch die „Salzkammergut-Localbahn-Actiengesellschaft“ gegründet, die es sich zur Aufgabe machte, die Gegend um den Attersee, den Mondsee und vor allem den Wolfgangsee zu erschließen.[284] Alle Welt wollte ins Grüne, dorthin, wo die städtische Kaffeehaus-, Salon- und Literatengesellschaft im Sommer wiederzufinden war. Kein Wunder, dass sich in Ischl bald Villa an Villa reihte und der Ort damit aussah, „als ob die Berge ringsum nur Decoration wären die man auf die Wiener Ringstraße gestellt hat“, wie Karl Kraus einmal gespottet haben soll.[285] Dasselbe gilt auch für den Semmering, wo im Kontrast zum schlichten ländlichen Baustil bald imposante Hotels und Landschaftsparks errichtet wurden. Die Gäste aus der Stadt und die Ansässigen blieben dabei jeweils unter sich und einander gegenseitig fremd; Hofmannsthal sollte in seiner Erzählung „Das Dorf im Gebirge“ von 1896 darauf eingehen.

Zur Jahrhundertwende bereits war die Sommerfrische jedoch nicht mehr nur eine Gruppenveranstaltung der großbürgerlichen Gesellschaft. Wer sich keinen eigenen Landsitz leisten konnte oder wollte, suchte sich in Privatquartieren oder Gasthäusern Unterkunft, etwa im Ausseerland. Die Häuser der dort ansässigen Salinen- und Holzarbeiter, Bauern und Beamten und die Villen der Sommerfrischler, die sich entlang der leicht ansteigenden Terrassen rund um den Altausseer See aufreihen, waren hier bunt durchmischt. Eine bürgerliche Freizeitkultur entstand, bald auch über die klassische Sommerfrische hinaus. Wandern, Radfahren, Schwimmen, Rudern und Lawn-Tennis gehörten zu den sportlichen Aktivitäten der Erholungskultur im Grünen, die auch die Jung Wiener Literaten fernab der Stadt erwartete.

Hofmannsthal verbrachte die Sommerzeit seiner Kindheit und Jugend jeweils zur Hälfte in Bad Fusch und in Strobl am Wolfgangsee. Anfang Juli war die Familie nach Bad Fusch gereist, in ein kleines Nest an der Glocknerstraße, das im Grunde aus nicht mehr als zwei Hotels

Hofmannsthal (links) mit Freunden beim Rudern am Wolfgangsee, Anfang der 1890er-Jahre.

bestand. Der Kuraufenthalt war vor allem der Gesundheit der Mutter zugedacht, doch auch Hofmannsthal suchte hier Erholung seines „etwas in Unordnung geratenen sog. Nervensystems", wie er an Beer-Hofmann bereits im Sommer 1891 schrieb. Dafür schien der Ort wie gemacht. Ein Reiseführer von 1896 empfiehlt den Höhenkurort mit seiner „freundlichen, idyllischen Lage", wegen seiner „reinen, würzigen Alpenluft" zur Heilung von allerlei Zivilisationskrankheiten. Hier könne man Ruhe „von dem wüsten und tollen Treiben einer grossstädtischen Welt" finden; es sind beliebte Schlagwörter der zeitgenössischen Kulturkritik, die hier erklingen. Ende Juli jedenfalls wechselte die Familie dann an den Wolfgangsee nach Strobl, zehn Kilometer westlich von Bad Ischl im Salzburger Teil des Salzkammerguts gelegen. Hier ging es reichlich geselliger und „mondäner" zu. In Strobl, so ließ er seinen

Schulfreund Edmund Hellmer wissen, lebe er als „keine besondere Species, sondern als genuiner Gesellschaftsmensch, homo odorans [!] billardensis socialis“.[286]

Im Sommer 1896 war der Schriftsteller zum ersten Mal als Gast im Ausseerland, wohin er sich ab 1907, dann zumeist mit Frau und Kindern, jährlich begab. Was Hofmannsthal hier schätzte, war das kleine Welttheater, das sich fernab der Großstadt allsommerlich entfalten konnte. In Altaussee, so erklärte der Schriftsteller 1899 in einem Brief an Otto Brahm, den Direktor des Deutschen Theaters in Berlin, seien vom „Reichskanzler Hohenlohe“ bis zur „alten runzligen Bauernfrau mit einem Eimer Milch“ viele verschiedene Charaktere gleichzeitig zugegen, und er resümiert kurz und bündig: „Das ganze Leben“ sei „so wunderbar reich“. Über längere Zeit bezog er Quartier in einem kleinen Bauernhaus (Obertressen 6), daneben nutzte er ein kleines Arbeitszimmer im nahe gelegenen Ramgut, das im Besitz von Yella von Oppenheimer stand. Für Hofmannsthal blieb es bis zum Lebensende der Ort, an dem er wie kaum irgendwo sonst in Abgeschiedenheit und Ruhe arbeiten konnte, besonders in den Herbstmonaten, später teilweise sogar bis in den Winter hinein.[287]

Mit der Erwartung, ihre produktivste Zeit des Jahres vor sich zu haben, verabschiedeten sich die Jung Wiener jährlich ins Grüne. Fern der Stadt, fern vom Alltag sollte sich schnell die nötige Inspiration einstellen. „Im Allgemeinen habe ich einen verdorbenen Sommer, schlechte Laune in xter Potenz, die erst jetzt etwas nachlässt; gearbeitet hab ich circa 15 (!) Druckzeilen – also – nichts. Ausser ein paar Gedanken, deren Wert äußerst problematisch ist, also ein verlorener Sommer“,[288] ließ Beer-Hofmann im August 1892 Schnitzler aus Ischl wissen. Der Stimmungsbarometer Beer-Hofmanns war wieder einmal ganz weit unten. Die schriftstellerische Produktivität der Jung Wiener hing zu einem nicht geringen Teil davon ab, ob es ihnen gelang, sich vom Gesellschaftsleben zu lösen: Doch gerade in Ischl schien Vorsicht geboten. „Ins Ischler Treiben rühr ich mich gar nicht hinein – Esplanade kenn

Marie Reinhard, um 1895.

ich nicht", von den „herumsitzenden und quatschenden Sommerteppen und -teppinnen" werde er sich fernhalten, so ließ Schnitzler im Juni 1897 Marie Reinhard wissen, die Gesangslehrerin und Schauspielerin, mit der er seit gut drei Jahren ein Liebesverhältnis unterhielt. Er wolle sich in seinem Zimmer in der Pension Rudolfshöhe, das ihm Beer-Hofmann verschafft hatte, ganz dem Schreiben widmen. So zumindest heißt es in dem offiziellen Brief an Marie Reinhard, in dem er sich noch sorgfältig zu verabschieden weiß: „Leb wohl, meine Mizi, und sei tausend Mal geküßt! Ich sehne mich nach dir."[289] Gar so geplagt von Sehnsucht dürfte der Briefeschreiber dann doch nicht gewesen sein. Schnitzler hatte während seiner Ischler Juli-Wochen 1897 schließlich alle Hände voll zu tun, seine zeitaufwendigen Affären mit „Y." und „Risa", wie sie in Schnitzlers Tagebuch aufscheinen, zu organisieren: Rosa Freudenthal (geb. Peretz) und der Bankierstocher Risa (Therese) Strisower, mit der schon Hofmannsthal ein Jahr davor in Unterach am Attersee angebandelt hatte.

> 1/7 Früh Frau Y. zur Radbahn, per Rad nach Unterach zu Strisower. Berghof. – Risa unerhört schön. Zu Tisch dort. Brülls und Schwarz's. Nm. bei Risa allein im Zimmer, unerhörte Zärtlichkeiten; ich log sie viel an, war aber so entzückt, dass es beinah wahr war.
>
> 2/7 Mit Y. im Wald; sie erzählt mir ihre Lebensgeschichte (Student (Arno), Atheist, erster Mann Lebemann Ekel Scheidung zweite Heirat, 2 Kinder, Liebhaber ohne das letzte). – Dann viel Küsse im Wald. – Nm. mit ihr und Richard Strobl, Bad; sie Kahn. Rad ich und Rich. retour, sie Wagen; genachtm. Pension. –
>
> 3/7 Gespräch mit Y. stundenlang beim Frühstück; [...] Nach dem Souper mit Y. eine Viertelstd. auf dunkeln Bänken heftig; dann begleite ich sie bis zu ihrem Zimmer. Vorher ich: Wollen Sie mich nicht zu sich nehmen – Sie: So schnell – nicht wahr – weil ich so bald

> fort – Auf meinem Zimmer machte ich mir Vorwürfe dass ich nicht gleich zu ihr hinein –
>
> 4/7 In der Früh 2mal pfeifend an ihrem Zimmer vorbei – beim 2. Mal erschien sie – ich rasch hinein, sperre ab und nehme sie mir. – Muss natürlich gleich wieder fort. –Während ich beim Frühstück, sie auf dem Balkon. – Dann viel mit ihr gesprochen.[290]

Gegen die Sommerfrische wurde häufig eingewendet, dass sie der Ehe schädlich sei. Die Ehemänner und Familienväter, die Frau und Kinder in das ländliche Österreich vorausschickten und alleine in der Stadt zurückblieben, gerieten bald in Verdacht, den Freiraum für spontane Liebesabenteuer zu nutzen. Die ersten vier der 23 Juli-Einträge in Schnitzlers Tagebuch zeigen, dass das nicht weniger für die Sommerfrische selbst zu gelten hatte. Zu der prekären Dreierkonstellation „Mz. Rh.", „Y." und „Risa" kam jedenfalls hinzu, dass Marie Reinhard gerade ein Kind von ihm erwartete. Wie es typisch für unverheiratete Schwangere in der Zeit war, wurde Marie Reinhard in ein Haus außerhalb von Wien verfrachtet, wo das Kind ganz abgeschirmt von der Öffentlichkeit geboren und dann zur Adoption freigegeben werden sollte. Am 24. September kam das Kind als Totgeburt auf die Welt. In „Der Weg ins Freie" verarbeitete Schnitzler dieses grauenvolle Kapitel seiner Biografie und lässt dabei durchaus Selbstkritik erkennen. Er lässt im Roman Georg von Wergenthin vor dem totgeborenen Sohn mit Schuldgefühlen stehen, als ob sein Mangel an Aufmerksamkeit und Unterstützung die Katastrophe mitverschuldet hätte.[291] Eineinhalb Jahre später, im März 1899, starb Marie Reinhard, höchstwahrscheinlich an einer Blinddarmentzündung. Es war eine große Erschütterung im Leben des Arthur Schnitzler. Seine Tagebucheinträge setzten hier für zwei Wochen aus.

Schnitzler mit Fahrrad, um 1900.

„...Warum schreibt er fürs Theater?“

Am 11. August 1898 waren Hofmannsthal und Schnitzler zu einer gemeinsamen Radreise in die Schweiz aufgebrochen. Schnitzler war bereits seit bestandener Prüfung im Jahr 1893 mit dem „Bicycle“ unterwegs,[292] über die Jahre ließen sich dann auch die anderen der Gruppe für das Fahrradfahren begeistern. Nachdem sich Hofmannsthal von dem soeben missionierten Salten anhören musste, dass es nicht genüge, „daß der Mensch den Tod Tizians schreibe, er muß auch Bicycle fahren können“,[293] war es dann auch für Hofmannsthal soweit: Er sprang auf das modische Zweirad auf, 1897, als es gerade als offizielles Verkehrsmittel bestätigt wurde. Sein Befund: das „freie Herumfahren auf dem Rad“ habe etwas „vom Schwimmen in der Luft“; keine zwei Jahre später kam dann noch die Begeisterung für das „bicycle-polo“ dazu.[294] Hofmannsthal traf mit Schnitzler in Basel zusammen, von wo es mit Rad und Zug zum Genfer See ging. „Wetter wolkenlos, Arthur in Ordnung, Rad gut aufgelegt“, berichtete er seiner Mutter. Nach gut einer Woche, früher als ursprünglich geplant, trennten sich die beiden jedoch bereits wieder. Das Alleinsein sei der Arbeit doch zuträglicher, meinte Hofmannsthal. „So vollkommen ungetrübt die Reisetage mit Hugo waren, Erinnerung nicht ganz rein. Grund? Eine doch leicht snobistische Neigung seinerseits, die mich etwas enervirt?“,[295] notierte sich Schnitzler wenige Tage nach Verabschiedung.

Für Hofmannsthal ging es im Anschluss nach Lugano, über die spektakuläre Passhöhe des Simplon, wo er sein Rad „5 1/2 Stunden“ hinaufzuschieben hatte, um dann zunächst kopfüber Richtung Italien hinabzufahren, so dass „die 17 Warnungen der guten Mama für Benehmen bei Radfahren nicht mehr actuell“ waren. Am Luganer See, im wunderschönen Grand Hôtel du Parc, wollte er sich zwei Wochen lang ganz dem Schreiben widmen.

Doch so schön die Umgebung mit ihren Lorbeerbäumen und blühenden Azaleensträuchen auch war, so ansprechend das Hotel im Schwei-

Der Simplon-Pass in der Schweiz. Postkarte, 1898.

zer Stil unmittelbar am See, in dem der Schriftsteller ein Zimmer bezog, das zwar „klein wie eine Schachtel" war, aber einen schmucken Balkon aufwies, unter dem in der Nacht die Fische plätscherten – Hofmannsthal fühlte sich furchtbar niedergeschlagen, seine „Stimmung" war „vollständig auf dem Hund".[296] Ans Arbeiten war gar nicht erst zu denken. Die Hitze, die Einsamkeit und der Gedanke, dass im vorherigen August und September alles anders gewesen war, machten ihm zu schaffen. In Varese, im Anschluss an eine größere Radreise durch das Salzburger Land, Tirol und Norditalien, war er in einen regelrechten Schreibrausch verfallen. Knapp zweitausend Verse hatte er in nur fünfzehn Tage zu Papier gebracht.[297] So war in der norditalienischen Stadt etwa die dramatisierte Ballade von „Madonna Dianora" entstanden, die später den Titel „Die Frau am Fenster" erhielt und als allererstes Drama Hofmannsthals überhaupt zur Aufführung gelangte. Über Schnitzler hatte Hofmannsthal den Direktor des Deutschen Theaters in Berlin, Otto Brahm, bei dessen Wienaufenthalt im Oktober des Jahres

Lugano. Postkarte, um 1900.

kennengelernt. Fast täglich hatte er mit ihm und Schnitzler „soupiert“, und als Brahm dann schließlich Wien wieder verließ, gab er ihm das Versprechen, zwei seiner Stücke am Deutschen Theater in Berlin spielen zu wollen. Ein lang ersehnter Wunsch des Dichters schien damit in Erfüllung zu gehen. Die Uraufführung der „Frau am Fenster“ fand am 15. Mai 1898 bei einer Matinee statt, vom Verein „Freie Bühne Berlin“ veranstaltet, ein respektabler, aber freilich nicht ganz so prestigeträchtiger Rahmen. Obwohl das Projekt der „Freien Bühne“ nun auch in Berlin aufgrund des mangelnden Erfolgs mehr oder weniger an ein Ende gekommen schien, sah Brahm eine Aufführung in der Veranstaltungsreihe dennoch als „gutes Einfallsthor für junge Krieger“.[298]

Brahm hatte Hofmannsthal schon nach dem persönlichen Kennenlernen in Aussicht gestellt, noch ein zweites Stück von ihm zu spielen, „Die junge Frau“, ebenso eine Frucht der inspirationsreichen Tage in Varese. Das Stück, später in „Die Hochzeit der Sobeide“ umbenannt, sollte Hofmannsthals erstes abgeschlossenes Werk mit einer komplexeren

Gabriele D'Annunzio mit seinen Hunden im Park seiner „Villa Capponcina" in Settignano.

dramatischen Struktur sein.[299] Das größere Rahmenthema – das außereheliche weibliche Begehren, das letztlich ins Verderben, in den Tod führt – hat der Dreiakter nicht nur mit der in Berlin uraufgeführten „Frau am Fenster" und dem lyrischen Drama „Idylle" aus dem Jahr 1893 gemein, sondern auch mit Schnitzlers „Liebelei" und dem „Märchen" – wobei Fanny Theren in Schnitzlers Dreiakter am Ende nicht stirbt.

So weit das Stück, das eine Episode aus der orientalischen Märchensammlung „Tausendundeine Nacht" zur Vorlage hat, auch bereits gediehen war, im Anschluss an den Aufenthalt in Varese war Hofmannsthals Inspiration „gewaltsam für ¾ Jahr abgebrochen",[300] und so lag es mit dem letzten Akt immer noch im Argen. Bei allem Verständnis, dass die Mutter, die ja selbst zu Depressionen neigte, der Stimmungslosigkeit ihres Sohnes in Lugano entgegenbrachte, sah sie sich doch dazu genötigt, ihn zu drängen, seine Arbeit wieder aufzunehmen: „Wenn Du nur das Ende der ‚jungen Frau' fertig bringst. Director Brahm hat es schon angesetzt, und wird sich also freuen das Stück fertig zu haben."[301]

Alleine die Ankündigung von Beer-Hofmann, nach Lugano zu kommen, worum ihn Hofmannsthal in Briefen und einem Telegramm flehentlich gebeten hatte, ließ seine Stimmung wieder aufhellen. Mit ihm kam dann auch schrittweise die Lust zum Schreiben zurück, die Lust gar auf ein ganz neues Stück. Was Hofmannsthal nur fehlte war ein geeigneter Stoff. „Das Schwein lasst mir keinen Platz und sagt mir auch keinen Stoff", beschwerte sich Hofmannsthal in einem gemeinsam verfassten, trunkenen Brief an Schnitzler. Beer-Hofmann fügte mit Seitenblick auf Hofmannsthal hinzu: „Er will immer einen Stoff von mir haben weil ich ein alter Jud bin."[302]

Die entscheidenden Anregungen für sein „Lustspiel", das in den folgenden Wochen entstand, „Der Abenteurer und die Sängerin", sollten ihm dann bald von ganz anderer Seite zufliegen. Über Bologna, wo sich Beer-Hofmann wieder verabschiedete, war Hofmannsthal nach Ravenna und Florenz weitergereist, gemeinsam mit der Familie Schlesinger, der Familie seines engen Freundes, des Malers Hans Schlesinger. In Settignano, nahe der Hauptstadt der Toskana, besuchte Hofmannsthal den italienischen Dichter Gabriele D'Annunzio. Den spätromantischen Vertreter des Symbolismus hatte Hofmannsthal in einem vielbeachteten Essay den deutschsprachigen Lesern 1893 als moderne Künstlernatur par excellence verkauft; kaum fünf Jahre später schien er für dessen Werk keine wirkliche „Sympathie" mehr zu haben.[303]

Vielleicht hatte der Wiener insgeheim gehofft, hier auf Eleonora Duse zu stoßen, die mit D'Annunzio eine Liebesbeziehung unterhielt. „Die Duse", wie man sie nannte, war eine der ganz großen europäischen Schauspielerinnen ihrer Zeit und wurde vom Jungen Wien im wahrsten Sinne des Wortes vergöttert. „Da er mir einige Zimmer nicht gezeigt hat, ist es möglich, dass die Duse bei ihm lebt", ließ er seine Eltern wissen.[304]

Eleonora Duse als „Francesca da Rimini" aus Gabriele D'Annunzios Schauspiel.

In Venedig, wo Hofmannsthal mit Hans Schlesinger und Clemens von Franckenstein im Anschluss knapp drei Wochen mit „Arbeit, Meer und Markusplatz" zubrachte,[305] fiel ihm nicht nur Gabriele D'Annunzios „L'allegoria dell'autunno" in die Hand, der er inspirierende Beschreibungen der Stadt entnehmen konnte, sondern auch die „Mémoires“ des Schriftstellers, Abenteurers und Frauenhelden Giacomo Casanova. Die Episode über das Wiedersehen des alternden Casanova mit einer einstigen Geliebten sollte Hofmannsthal für sein venezianisches „Lustspiel“ als Vorlage dienen.

Als Hofmannsthal nach knapp zweimonatigem Unterwegssein wieder nach Wien zurückgekehrt war, hatte er ein abgeschlossenes sowie ein weit gediehenes Stück mit im Gepäck, „Die Hochzeit der Sobeide“ und „Der Abenteurer und die Sängerin“. Es sind die beiden ersten Stücke, die es ins reguläre Theaterprogramm schafften. Der große Durchbruch Hofmannsthals als Dramatiker lag damit in der Luft. Er war gerade einmal 25 Jahre alt.

Die Uraufführungen der Stücke fanden am 18. März 1899 gleichzeitig am Deutschen Theater in Berlin und am Wiener Burgtheater statt. An der Burg hatte es Hofmannsthal schon früher mit seinen Stücken versucht – ohne Erfolg. Sowohl „Gestern“ als auch „Der Tor und der Tod“ hatte er der Direktion vorgelegt, eine Antwort blieb man ihm schuldig. Was der damalige Direktor Max Burckhard von der „Totentanzkomödie“ hielt, wie sie der Dichter selbst nannte,[306] machte er in seiner Rezension der Aufführung im Deutschen Volkstheater 1901 deutlich – Burckhard war zu dem Zeitpunkt, als Hofmannsthals Stücke Premiere feierten, bereits von Paul Schlenther als Direktor abgelöst worden und wenige Monate später Hermann Bahr als Mitherausgeber der *Zeit* nachgefolgt: „Das Drama verlangt klare Verständlichkeit im Augenblick. Der Zuhörer hat keine Zeit nachzudenken und aus sich hastig überstürzenden Bildern die sie verbindenden Gedanken herauszulösen.“[307] Dabei waren Hofmannsthals dramatische Arbeiten doch eine unmittelbare Antwort auf die große Krise des Wiener Theaterlebens, die sich 1888 vollzog. Der Abriss des gemütlichen, fast intimen k.k. Hofburgtheaters am Michaelerplatz und der Umzug in das neue, überdimensionierte Theaterhaus am Ring hatte an die Schauspieler, Regie und die Stücke-

Altes Burgtheater, Aquarell von Franz Alt, 1886.

Zuschauerraum im alten Burgtheater, Gemälde von Gustav Klimt, um 1888.

Das neue Burgtheater, um 1900.

schreiber neue Herausforderungen gestellt; auch das Theaterpublikum war wenig begeistert von dem neuen, elektrifizierten Koloss. Man war die alten Proportionen von Bühne und Publikumsraum gewohnt. Die Deklamationen der Schauspieler in der wohltemperierten Sprechweise, wie man sie sich im alten Burgtheater angeeignet hatte, wären im neuen bombastischen Gebäude wohl kaum über die fünfte Reihe hinausgedrungen. Um sich hier Gehör zu verschaffen, musste geschrien werden. Und noch wichtiger, nicht mit den Schauspielkollegen auf der Bühne, mit den Zuschauern musste man hier interagieren!

Hofmannsthals Dramatik, die stark auf Monologe setzt und auf szenisches Geschehen eher verzichtet, kann auch als eine Reaktion auf die Spielsituation am neuen Burgtheater verstanden werden. Der Autor zeigt „einsame Protagonisten", die an der Bühnenkante laut über ihr Schicksal nachdenken, das trifft auf die intimen Einakter der frühen Jahre genauso zu wie auf die weitaus theatralischeren Stücke der späten Jahre; das Konversationsstück „Der Schwierige" von 1921 stellt hier mit Sicherheit eine Ausnahme dar.[308]

Obwohl nun „Die Hochzeit der Sobeide" und „Der Abenteurer und die Sängerin" schon viel „dramatischer" gestaltet waren als Hofmannsthals frühere Einakter; obwohl der Schriftsteller die Stücke mehrfach auf eine stärkere Bühnentauglichkeit hin überarbeitete, wie dies Otto Brahm im Vorfeld verlangt hatte – sie blieben, was der Untertitel der „Sobeide" bereits verriet: „dramatische Gedichte". Das Urteil der Kritiker war einhellig: „Wenn Hugo von Hofmannsthal doch weniger Dichter und mehr dramatischer Autor sein wollte", so schrieb ein Rezensent nach der Wiener Premiere. Dabei bescherte ihm die Aufführung der Stücke in Wien doch zumindest einen Achtungserfolg. Er hatte mit seinem Trauerspiel und seinem Lustspiel durchaus Anerkennung beim Wiener Theaterpublikum erregt, so sprach etwa die beliebte Vertreterin der Hautevolee, Pauline von Metternich, dem Dichter ein fast überschwängliches Lob aus: „Hofmannsthal sei gepriesen."[309]

Berlin hingegen wurde zum Desaster. Der Autor konnte froh sein, dass er es überhaupt noch rechtzeitig zu einer Vorstellung seiner Stücke geschafft hatte, denn nach nur drei Aufführungen wurden diese wieder abgesetzt. Hofmannsthal musste vor der Abfahrt nach Berlin noch geschwind den Abschluss seines Doktorats der Romanischen Philologie bewerkstelligen, das er nach dem Wechsel des Studiums der Rechtswissenschaften im Oktober 1895, nach Ende seines Einjährig-Freiwilligenjahres, aufgenommen hatte. Seine Dissertation „Über den Sprachgebrauch bei den Dichtern der Plejade", eine Arbeit über die französische Dichterschule des 16. Jahrhunderts, der federführend Joachim Du Bellay und Pierre de Ronsard angehörten, hatte er im Sommer des vorhergehenden Jahres abgeschlossen. Nun stand noch die Promotion zum Doktor der Philosophie aus, die er schließlich am 20. März, zwei Tage nach der Uraufführung – der Zeitpunkt war keinesfalls gut gewählt – ablegte.

Josef Kainz in der Rolle des Henri in Schnitzlers „Der grüne Kakadu" am Deutschen Theater Berlin, 1899.

An Schnitzler schrieb er: „Hier sind meine armen Stücke von einer beispiellos bösen Presse erschlagen worden und mußten nach dem dritten Mal abgesetzt werden."[310] In einem Brief an den deutschen Germanisten Richard Moritz Meyer konnte er zumindest einer Sache noch etwas Positives abgewinnen: „Meine Stücke gefallen hier den Leuten gar nicht [...] die Premiere soll aber sehr hübsch gewesen sein. Die drei Dichter der verschiedenen Richtungen, die noch nie in einem Raum beisammen waren: Hauptmann, Dehmel und Stefan George haben alle drei applaudiert und jeder sich über den anderen gewundert."

Kaum jemand, der sich ins Deutsche Theater begeben hatte, zweifelte an Hofmannsthals lyrischem Talent. Dass der Wiener betörend schöne Verse formen konnte, das hatte er mit seinen frühreifen Gedichten und lyrischen Dramen hinlänglich bewiesen, die in den wichtigsten deutschsprachigen Literaturzeitschriften abgedruckt wurden und ihm frühen Ruhm in der Welt der schönen Literatur beschert hatten. Aber Dramatiker?

„Neurasthenikerphantasien“[311] nannte Maximilian Harden die Stücke in der Kritik seiner Zeitschrift *Die Zukunft*. In der *Morgenpost* hieß es drei Tage nach der Aufführung: „Unsicher und weltfremd steht der Lyriker den Anforderungen des Theaters gegenüber“,[312] und Alfred Kerr fragte sich, was sich wohl viele nach dem Premieren-Abend fragten: „Warum schreibt er fürs Theater?“[313]

Skandalbücher und der „wüste Tumult der Premieren“

Vielleicht hatten sich generelle Ressentiments gegen Wien und die Jung Wiener Literatur in die Ablehnung der Stücke gemischt. Wenn man in Berlin an die Wiener Literatur dachte, dann kamen einem offenbar schnell wohlhabende, etwas verwöhnte Dichterschnösel, schöngeistige Sprachvirtuosen in den Sinn. Hofmannsthal war weit mehr als Schnitzler von diesem Image betroffen, auf das sich vor allem marxistische Rezensenten nach der Premiere stützten.[314] Die Stücke Schnitzlers, „Der grüne Kakadu“, „Das Vermächtnis“ und „Paracelsus“, die hier Ende April ihre Deutschland-Premiere feierten, nachdem sie die Berliner Zensur ursprünglich verboten hatte, waren ganz auf den Geschmack der Berliner gestoßen. Mit fast dreißig Vorstellungen wurden die drei Einakter schnell zur bis dahin erfolgreichsten Zusammenarbeit zwischen Schnitzler und Brahm. Dem Theaterdirektor war es gelungen, dem Wiener in der Stadt, in der die vergangenen zehn Jahre das naturalistische Schauspiel zur Norm geworden war, ein klares gesellschaftskritisches Profil zu verpassen. Ausschlaggebend dafür war die Uraufführung von „Freiwild“ im Jahr 1896, das Stück über Paul

Rönning, der gegen den in Österreich-Ungarn geltenden Duellkodex aufbegehrt, und sich am Ende, weil er nicht feige sein will, dem Zweikampf mit dem kriegsgeilen Oberleutnant Karinski stellt und erschossen wird. Brahm hatte die Premiere einen Monat nach der Aufführung von Hermann Sudermanns Einakter-Zyklus „Morituri" angesetzt, der ebenfalls vom Duellzwang handelt; mit der thematischen Anknüpfung sollte einem jeden klar werden, in welcher Tradition der Wiener Autor doch eigentlich stehe.[315]

Sicher, auch Hofmannsthal hatte in den 1890er-Jahren Gesellschaftskritisches auf die Bühne gebracht – etwa die Kritik an der Unterdrückung und Sexualisierung der Frau in der „Sobeide". Der lyrische und oft historisierende Stil seiner Sprache sowie die bildungsbürgerlichen Stoffe und Motive standen der Sozialkritik aber von Anfang an im Weg. Schnitzlers Stücke und Erzählungen waren zweifellos provokanter und bissiger, direkter auch auf Herausforderung angelegt.

Schnitzler schrieb auch weiterhin gegen Duellzwang und Militarismus an, dem er spätestens seit seinem Einjährig-Freiwilligenjahr am Wiener Garnisonsspital in den frühen 1880er-Jahren mit tiefer Abneigung gegenüberstand. Das „ganze Militär" sei ihm, mit allem „was drum und dranhängt, ungeheuer zuwider", notiert er sich Mitte Dezember 1882.[316]

Die Hohlheit des militärischen Ehrbegriffs sollte Schnitzler dann in seiner Monolog-Novelle „Leutnant Gustl" auf satirische Weise aufdecken. Der innere Monolog, den der Wiener Autor nach dem Vorbild von Edouard Dujardins Roman „Les lauriers sont coupés" als Erster in der deutschsprachigen Literatur konsequent verwendet, erinnert an Freud. Schnitzler hatte zu dieser Zeit die eben erst erschienene „Traumdeutung" gelesen. Der von Assoziationen gelenkte Bewusstseinsstrom, eine Art psychologisches Protokoll, zeitigt bei Gustl jedoch keine therapeutische Wirkung.[317]

Als die Novelle im Dezember 1900 in der Weihnachtsbeilage der *Neu-*

en Freien Presse erschien, ließen die ersten bissigen Rezensionen nicht lange auf sich warten. In der antisemitischen *Reichspost*, die vor allem in Militärkreisen gelesen wurde, echauffierte sich der Chefredakteur bereits zwei Tage später, wie Schnitzler es nur wagen könne, „dieses Gemisch aus Unflath, niedrigster Gesinnung und Verdorbenheit des Herzens, von Feigheit und Gewissenlosigkeit [...] in eine Lieutenantuniform" zu stellen. Dann reagierte das Militär, das ihm vorwarf, nicht nur mit seiner Novelle die „Standesehre" der Armee verletzt zu haben, sondern auch, weil er es unterlassen hatte, den angriffigen Zeitungsredakteur zum Duell herauszufordern.

Schnitzler wurde mehrfach aufgefordert, sich in Uniform beim „ehrenräthlichen Ausschuß" in der Landwehrkaserne einzufinden. Auf Anraten von Ex-Burgtheaterdirektor Max Burckhard, einem gelernten Juristen, ließ er jedoch alle Aufforderungen ungerührt ins Leere laufen. Dass ihm schließlich der Rang als Reserveoffizier aberkannt wurde, davon erfuhr er erst aus der *Neuen Freien Presse*, die am 1. Juni 1901 in einem Leitartikel davon berichtete. Sein Offizierspatent holte man kurz darauf aus seiner Wohnung ab. Die Reaktionen vonseiten der Armee und die öffentliche Anfeindung gegen seine Person bestätigten jedenfalls genau jene militärische Mentalität, die er in seiner Novelle porträtiert hatte.[318]

Arthur Schnitzler in Uniform als Einjährig-Freiwilliger, um 1882.

Schnitzler schrieb auch weiterhin gegen die Missstände seiner Zeit an und wurde dafür immer wieder zum

Opfer von Hetzkampagnen der konservativen, antisemitischen Presse. Sein Aufstieg zu einem der meistgespielten österreichischen Autoren des frühen 20. Jahrhunderts – die Tragikomödie „Das weite Land" wurde Mitte Oktober 1911 an neun deutschsprachigen Bühnen, so auch am Wiener Burgtheater, gleichzeitig uraufgeführt – war stets begleitet von Misstönen.

Die wohl stärkste Anfeindung stand dem Autor damals noch bevor – der Skandal um den „Reigen", jenes Stück, in dem Schnitzler die heuchlerische Sexualmoral der Zeit entlarvte. Der öffentliche Aufschrei lieferte wiederum die Bestätigung von Schnitzlers Gesellschaftsanalyse. In zehn Dialogen bringt der Autor fünf Männer und fünf Frauen ganz unterschiedlicher sozialer Herkunft auf die Bühne, die abwechselnd miteinander sexuell verkehren, von der „Dirne" und dem Soldaten bis zur Schauspielerin und dem Grafen, bevor sich der Kreis wieder schließt. Gezeigt wird nur das Davor und Danach, der Akt selbst bleibt ausgespart; doch auch das war Unzucht genug.

Die Niederschrift hatte Schnitzler bereits im Frühjahr 1897 beendet, 1900 ließ er auf eigene Kosten einen Privatdruck von 200 Stück erstellen. Knapp drei Jahre später fasste er dann eine größere Publikation ins Auge, doch S. Fischer schreckte vor einer Veröffentlichung zurück. Er solle sich wegen der heiklen Verlagsfrage mit seinen Freunden beratschlagen, meinte Samuel Fischer.[319] Beer-Hofmann und Hofmannsthal waren ihm in der Angelegenheit jedoch keine große Hilfe, wie ihr gemeinsam verfasster, humoristischer Antwortbrief zeigt, den sie mit „Lieber Pornograph" überschrieben. „Wir denken, es käme darauf an, welcher Verlag Ihr Schmutzwerk herausgibt [...] schließlich ist es ja Ihr bestes Buch, Sie Schmutzfink!" Es sei weder so „konfus wie das Vermächtnis, noch so glatt wie die Liebelei, noch so snobish wie die Beatrice, noch so unsäglich langweilig wie Ihre läppischen Novellen." Da es ja ohnehin „confisciert" würde, solle er im Vornhinein mehr Geld dafür verlangen, als er sich „später über das Schwätzen der Leute ärgern" werde, meinte Beer-Hofmann, und Hofmannsthal setzte noch nach:

„Ob ich es an Ihrer Stelle herausgegeben hätte? Unbedingt, gegen einen beträchtlichen Vorschuß und unter Ihrem Namen (Der Vorschuß natürlich unter meinem Namen zahlbar.)“[320]

Der „Wiener Verlag“, der das Buch schließlich auf den Markt brachte, verkaufte innerhalb eines Jahres 14.000 Exemplare, ein großes Geschäft für Verlag und Autor. Zu Schnitzlers eigener Überraschung war es zu Beginn noch recht ruhig um das Stück; erst, als es Hermann Bahr im Bösendorfersaal öffentlich vortragen wollte, schlug die Zensur zu.[321]

Der Autor hatte eine Aufführung des Stücks gar nicht erst forciert, mit guten Gründen. Als der „Reigen“ dann zwanzig Jahre später in voller Länge auf die Bühne kam, löste es einen der heftigsten Skandale in der österreichischen Theatergeschichte aus. Die Uraufführung im Kleinen Schauspielhaus in Berlin im Dezember 1920 verlief noch ruhig, als es dann im Februar 1921 in Wien Premiere feierte, begann der Aufruhr, der schließlich auch nach Deutschland überschwappte. In einer aggressiven, antisemitischen Hetzkampagne, an der sich auch die Politik und die Kirche beteiligten, wurde Schnitzler als „jüdischer Schweineliterat“ an den Pranger gestellt. Während einer Aufführung drang ein Mob von etwa 150 bis 600 selbsternannten Sittenwächtern, so die unterschiedlichen Schätzungen, in das Volkstheater ein und zertrümmerte Glasscheiben und Stühle.[322] Und schließlich war da noch der Prozess, der gegen die Direktoren, den Regisseur und die Darsteller des Kleinen Schauspielhauses in Berlin angestrengt wurde, weil sie es gewagt hatten, das Stück trotz Verbots auf die Bühne zu bringen. Schnitzler zog schließlich selbst die Reißleine und verhängte eine 60-jährige Aufführungssperre des „Reigens“.

Auch Felix Salten machte im ersten Jahrzehnt des 20. Jahrhunderts mit einem erotischen Skandalbuch von sich reden, und auch er hatte in seinen literarischen Novellen der 1890er-Jahre immer wieder Kritik geübt am Militarismus und einer Vorstellung von Ehre, die an militärischen Auspizien hing. Seine Erzählungen „Heldentod“ (1895) und „Sedan“ (1899) integrierte er in seine Novellensammlung, die unter dem Titel „Der Hinterbliebene“ im Jahr 1900 als seine erste Buchpublikation erschien, wie Schnitzlers „Reigen“ im „Wiener Verlag“.

Auch sein Stück „Der Gemeine“ spielt im Soldatenmilieu. Weil die Wiener Zensurbehörde eine Aufführung am Deutschen Volkstheater in Wien wegen angeblich militärkritischen Tendenzen verbot, wurde es im Neuen Theater Berlin uraufgeführt, und das mit großem Erfolg, wie Schnitzler in seinem Tagebuch vermerkte. Die Kritik am Militär fällt im Stück jedoch eigentlich recht harmlos aus.

Im Vordergrund steht hier der Konflikt zwischen den kleinbürgerlichen Moral- und Lebensvorstellungen des Bauzeichners Josef, der nach Wien zum Militärdienst einberufen wird, und der Libertinage Maries, die aus dem Volkssängermilieu stammt.[323]

1903 erschien Saltens erster Roman „Die kleine Veronika“ bei S. Fischer. Er war nun der Fünfte im Bunde, der bei dem Berliner Verlag unterkam, nachdem dort auch Hofmannsthal 1899 seinen Band „Theater in Versen“ (eine Sammlung seiner Dramen *Die Frau im Fenster*, *Die Hochzeit der Sobeide* und *Der Abenteurer und die Sängerin*) publiziert hatte. Darin lässt er ein vierzehnjähriges Mädchen, das wiederum aus einer kleinbürgerlich-religiös geprägten Familie vom Land stammt, ihre Tante in Wien besuchen, die mittlerweile Betreiberin eines Bordells ist. Ort und Personal erinnern an den pornografischen Roman, mit dem Salten 1906 zweifelhaften Ruhm erlangen sollte, „Josefine Mutzenbacher, die Geschichte einer Wienerischen Dirne von ihr selbst erzählt“. Bis heute ist die Urheberschaft des Romans, der in äußerster Derbheit und ohne Sozialkritik die Entwicklung eines Kindes zur Prostituierten erzählt, ungeklärt. Salten hatte zwar nie zugegeben der Autor zu sein, dies gleichzeitig aber auch nie bestritten. Für die einen ist die „Mutzenbacher“ ein Plädoyer für die „Natürlichkeit der Lust und Begierde“ in Zeiten der Prüderie und Bigotterie,[324] für andere ist der Roman schlichtweg Schund; nicht zuletzt, weil die Beschreibung auch vor Pädophilie und Inzest nicht Halt macht.

Saltens literarischer Erfolg ereignete sich im Windschatten seiner journalistischen Karriere. In der *WAZ* stieg er innerhalb weniger Jahre in die Oberliga der Wiener Journalisten auf, 1902 wechselte er als Redakteur zur *Zeit*, die seit Beginn des Jahres nun auch als Tageszeitung geführt wurde. Seine Kontakte zu Erzherzog Leopold Ferdinand ermöglichten ihm Ende der 1890er-Jahre die exklusive Berichterstattung zu vielbeachteten Skandalen um die schrillen Mitglieder des österreichischen Herrscherhauses, die sich Affären leisteten und sich nicht standesgemäß verlieben wollten; Leopold Ferdinand etwa heiratete eine Wiener Prostituierte und trat aus Armee und Kaiserhaus aus, seine Schwester Luise flüchtete mit ihrem Französischlehrer und Liebhaber in die Schweiz. In einem anderen, nicht weniger pikanten Fall verhalf er einem unglücklich verliebten Habsburg-Spross sogar zur Flucht. Die Berichte und Exklusivinterviews machten Salten quasi über Nacht berühmt. 1906 sollte er nicht zuletzt wegen seiner Erfolge als Sensationsreporter zum Chefredakteur der Berliner *Ullstein-Blätter* bestellt werden.[325] Bereits nach einem Jahr jedoch kehrte er wieder nach Wien zurück. Das kulturelle Klima in Berlin hatte Salten nicht sonderlich behagt. Seine journalistischen Beiträge über die Herrscherfamilie verpackte Salten jedenfalls in ein fiktives Tagebuch, „Bekenntnisse einer Prinzessin". Wiederum also ein Bekenntnisbuch, wiederum gespickt mit provokativer Erotik, wiederum strengte sich Salten an, die Urheberschaft im Ungewissen zu lassen – „ziemlich ungeschickt", wie Schnitzler meinte.[326]

Als Salten seinen Dienst bei der *Zeit* antrat, hatte ihr Mitgründer Hermann Bahr dort schon längst seinen Schreibtisch geräumt. Im Herbst 1899 war er zum *Neuen Wiener Tagblatt* gewechselt, einer der auflagenstärksten österreichischen Tageszeitungen. Es seien keine finanziellen Gründe, die ihn dazu bewogen hätten, versicherte er Hofmannsthal; ihm gehe es allein darum, ein breiteres, weniger elitäres Publikum anzusprechen. Bahrs Entscheidung war auch hier von einem tiefen Sendungsbewusstsein geleitet.

In seinem Eröffnungsbeitrag für das *Neue Wiener Tagblatt* rief Bahr programmatisch „Die Entdeckung der Provinz“ aus. Die Zeit schien wieder einmal reif für Veränderung, für eine neuerliche „Überwindung“. Bahr verlautbarte in seinem Essay, dass die Moderne in die Provinz abgewandert sei und man ihr dorthin folgen müsse, wenn sich der Traum einer „neuen österreichischen Kunst“ erfüllen solle. Österreichische Literatur – das konnte doch nicht nur das „Junge Wien“ meinen, sondern auch die vielen – heute fast gänzlich vergessenen – Autoren aus den deutschsprachigen Kronländern, die von Land, Natur und dem einfachen Leben erzählten. „Gibt es denn in Österreich wirklich nichts mehr als ewig das süße Mädel von Schnitzler, höchstens einmal in ein anderes Kostüm gesteckt […] und die paar sonderbaren Laute einer äußersten, ja sublimen, aber schon fast kaum mehr fasslichen Verfeinerung, die Hofmannsthal hat? Ist das unser ganzes Österreich?“[327] Bahr sei „gewiss nicht nur ein Aff, sondern auch ein boshafter Aff“, meinte der angegriffene Schnitzler gegenüber Hofmannsthal nach der Lektüre seines Artikels;[328] die Verstimmung zwischen den beiden war wieder einmal nur Episode, man versicherte sich erneut gegenseitiger Zuneigung. In den heiklen Angelegenheiten „Leutnant Gustl“ und „Reigen“ sollte sich Bahr zudem in aller Vehemenz öffentlich auf die Seite Schnitzlers schlagen.

Bahr hatte nun also die Großstadt und damit ausgerechnet jenen Ort zum Feindbild gemacht, der die Moderne überhaupt erst zur Entfaltung gebracht hatte. Die dekadente, feinnervige Moderne, die er in Berlin und Paris angetroffen und in Wien mit aus der Taufe gehoben hatte, galt es nun also zu überwinden: „Fort aufs Land hinaus, zur Natur zurück! Keine Zeitungen mehr, weg aus dem wüsten Tumult der Premieren, zu sich selbst zurück“.

Bahr war und blieb ein Verwandlungskünstler, der aus seiner Identität zu keiner Zeit ein Geheimnis machte. Aus dem Deutschnationalen der frühen Jahre war ein Franzose geworden, aus dem Franzosen schließlich ein Österreicher. Seiner Positionierung für die Heimatkunstbewegung musste der Autor natürlich selbst auch literarisch gerecht werden: In „Der Franzl" von 1900 bringt er das Leben des Dichters und Novellisten Franz Stelzhamer (1802–1874) aus dem oberösterreichischen Innviertel auf die Bühne; sein Dreiakter „Der Athlet" aus dem selben Jahr enthält für die Region typische Mundart, Gesänge und Tänze.[329]

Damit nicht genug. Bahr wollte auch seinen eigenen Lebensmittelpunkt aufs Land verlegen, er habe „die große Stadt bis zum Hals",[330] klagte er gegenüber seinem Vater bereits im Mai 1898 während einer Kur in Ischl. So ließ er sich 1899 eine Villa in Unter St. Veit, am süd-

Hermann Bahrs Villa in Ober St. Veit, um 1905.

westlichen Stadtrand von Wien, im Typus eines süddeutschen Bauernhauses errichten. „Tief unten liegt die Stadt in Dampf und Dunst, rings rauscht es aus Gärten, hier ist Alles rein und frei“, schrieb Bahr über die Lage seines Hauses an der Grenze zum Lainzer Tiergarten.[331] Der Autor, der seine Abneigung gegenüber der Großstadt auch in seinem von der Staatsanwaltschaft eingezogenen „Wien“-Buch von 1907 zum Ausdruck brachte, zeigte sich nun gerne in ländlicher Kleidung, in Wadenstrümpfen und mit aufgestelltem Hut.[332]

Das Haus war vom Jugendstil-Architekten Joseph Maria Olbrich geplant worden, mit dem er seit einigen Jahren freundschaftlich verbunden war. Gegen Ende der 1890er-Jahre hatte sich Bahr mit der üblichen Emphase als Sprachrohr der Wiener Secession betätigt, einer Gruppe von Malern, Architekten und Bildhauern um Gustav Klimt, die sich vom Wiener Künstlerhaus abspalteten. Mit dem Kunstbegriff des Historismus, der dort immer noch vorherrschte, konnten sie nur wenig anfangen. Bahr publizierte in deren Hauszeitschrift *Ver Sacrum*, die im Januar 1898 gegründet wurde, und betätigte sich, als die erste Schau der Secessionisten eröffnet wurde, mit größtem „Amüsement“ als Ausstellungsführer für die Arbeiter aus den Vorstädten.[333]

In seinem Haus in Unter St. Veit lebte Bahr nach der Trennung von seiner ersten Ehefrau für einige Jahre alleine, später dann mit der Hofopernsängerin und ehemaligen Geliebten Gustav Mahlers, Anna von Mildenburg. Bahr und Mildenburg, die eine der erfolgreichsten Wagner-Interpretinnen ihrer Zeit war, heirateten 1909 und zogen drei Jahre später nach Salzburg, auf das Schloss Arenberg. Wien jedenfalls sollte Bahr dann ein für alle Mal den Rücken kehren.

„… der große äußere Erfolg ist also eingetreten“

Einige Jahre zuvor, knapp vor Weihnachten 1901, traf Hofmannsthal eine weitreichende Entscheidung, die Klarheit in sein Leben brachte.

Nicht nur verwarf er die Idee, die über die letzten Jahre immer wieder in seinem Kopf herumgegeistert war, nämlich einem Beruf im öffentlichen Dienst nachzugehen, auch zog er seine „venia legendi" für das Gebiet der romanischen Philologie zurück.[334] Seit Herbst 1900 hatte er freudlos an seiner Habilitationsschrift mit dem Titel „Studien über die Entwicklung des Dichters Victor Hugo" gearbeitet, die er im Mai 1901 schließlich der Wiener Universität vorlegte. Nachdem die Antwort der Fakultät nach über einem Jahr noch immer nicht eingetroffen war, zog er seine Einreichung mit der Begründung einer Nervenerkrankung zurück. Eine Gelehrtenlaufbahn war damit hinfällig, ein bürgerliches Leben aus dem Kopf geschlagen.

Seine Entscheidung, ein Leben als Berufsschriftsteller zu führen, hatte natürlich weitreichende ökonomische Konsequenzen, nicht zuletzt, weil der Dichter bald nicht mehr nur für sich alleine zu sorgen hatte. Von Gedichten, lyrischen Dramen, Erzählungen und Essays, die er bislang vor allem in Zeitschriften publiziert hatte, zu überleben, war kaum möglich. Zudem hatte er das ihm „materiell aufgezwungene" und „äußerst quälende Verteilen" seiner „Producte an Journale der verschiedensten Richtung" nun langsam satt[335]. Seine Erwartung, dass er mit der Mitarbeit an der 1899 gegründeten Zeitschrift *Die Insel* – aus der wenige Zeit später der Insel-Verlag hervorging – von dieser ihm „peinlichen" Publikationsart befreit sein würde, erfüllte sich leider nicht. Seiner Mutter hatte er ein Jahr zuvor noch stolz berichtet, er erhalte als Mitarbeiter der Zeitschrift „ein jährliches Pauschal von 1500 Mark und außerdem natürlich für jede einzelne Arbeit ein sehr beträchtliches Honorar".[336]

Wer glaubte, Hofmannsthal würde sich nach der Schlappe in Berlin wieder auf seine vermeintliche Kernqualität besinnen, die ihm die Rezensenten so eindringlich ins Gedächtnis riefen, der hatte sich getäuscht. Ganz im Gegenteil. Hofmannsthals reiche Lyrikproduktion der Jung Wiener Jahre brach um 1900 fast vollständig ab. Sein berühmter „Chandos-Brief" von 1902 zeigt, wie sehr der Autor in diesen biografischen Wendejahren über Möglichkeiten und Grenzen dichterischer Sprache nachdachte – mit weitreichenden Folgen für sein literarisches Schaffen. „Ein Brief", so der eigentliche Titel des Prosatextes, ist gleichzeitig auch das einschlägige Dokument der Sprach- und Bewusstseinskrise der Wiener Jahrhundertwende.

Der fiktive Briefeschreiber, Lord Chandos, wendet sich nach zwei unproduktiven Jahren an seinen Mentor, den Naturwissenschaftler Francis Bacon. Chandos erkennt sich als Verfasser seiner gefeierten Jugenddichtungen kaum wieder. So fremd sind ihm seine frühen Schöpfungen geworden, dass er zögert, sie sein „Eigentum" zu nennen. Den eigentlichen Grund seiner Krise stellt der Umstand dar, den selbstverständlichen, alltäglichen und unbeschwerten Zugriff auf die Sprache verloren zu haben; es ist ihm völlig die Fähigkeit „abhanden gekommen, über irgend etwas zusammenhängend zu denken oder zu sprechen"; die „abstrakten Worte" zerfallen ihm „im Munde wie modrige Pilze".[337] Die Welt durch Sprache zu ordnen, ist Chandos nicht mehr möglich.

Da ihm also die herkömmlichen dichterischen Ausdrucksmöglichkeiten keinen Dienst mehr tun, träumt er sich eine Sprache, „von deren Worten mir auch nicht eines bekannt ist, eine Sprache, in welcher die stummen Dinge zu mir sprechen" und die „mit dem Herzen zu denken" ist. [338] Das hört sich freilich etwas esoterisch an. Durchaus greifbar sind aber die Konsequenzen, die all jene Krisen-Symptome für das weitere Schaffen Hofmannsthals hatte, der hinter dem Grübler Lord Chandos erkennbar ist.

Seine Kunst zielte im Anschluss an seine Jahre im Kreis des Jungen Wien immer stärker auf Theatralität und das Sinnliche, auf Tanz, Pantomime, Körperkunst, Musik, natürlich auf das Theater und später auf den Film. In Hofmannsthals „Elektra", einer Sophokles-Bearbeitung, lässt er seine Titelheldin das neue Programm verkünden und selbst in die Tat umsetzen: „Schweig, und tanze. Alle müssen / herbei! Hier

Anna Mildenburg als Klytämnestra in „Elektra“ von Richard Strauss, 1909.

schließt auch an! Ich trag' die Last / des Glückes, und ich tanze vor euch her. / Wer glücklich ist wie wir, dem ziemt nur ein: / schweigen und tanzen!“ Nach der geglückten Rache für die Ermordung ihres Vaters Agamemnon tanzt sich Elektra am Ende des Dramas in Ekstase – und stirbt.[339] Es ist ein „namenloser Tanz“, weil er keinem Vorbild entspringt, weil er für sich steht, nicht benennbar ist und nur dem glücklichen Augenblick huldigt.

Max Reinhardt, den er im Mai 1903 besser kennenlernte, als dieser mit Gorkis „Nachtasyl“ in Wien gastierte, brachte das Stück im gleichen Jahr noch auf die Bühne. Auf seine Bühne. Reinhardt hatte sich kurz zuvor von Brahm und dem Deutschen Theater Berlin getrennt und das „Kleine Theater“ eröffnet; als Brahm 1905 ans Lessingtheater abgeschoben wurde, übernahm er die Direktion des Deutschen Theaters. Reinhardt, der das deutschsprachige Theater mit einem gezielten Zusammenspiel von Bühnenbild, Bühneneffekten, Musik, Sprache und Tanz auf eine ganz neue Ebene hob, sollte Hofmannsthal für den Rest seines Lebens ein kongenialer Partner werden.[340] Bereits deren erster Streich, „Elektra“, mit der unübertroffenen Gertrud Eysoldt in der Hauptrolle, erregte mit seinem Blut- und Sexualpathos gehöriges Aufsehen; von den einen zum Skandal erklärt, von den andern enthusiastisch gefeiert, wurde das Stück zum ersten gro-

„Jedermann". Szenenbild der Eröffnungsvorstellung der Salzburger Festspiele 1920.

ßen kommerziellen Erfolg Hofmannsthals: „Der große äußere Erfolg ist also eingetreten", schrieb er seinem Freund und Schwager Hans Schlesinger, das Stück sei in den „ersten vier Tagen von 22 Bühnen angenommen" worden, die „drei Auflagen des Buchs vergriffen".[341] Neue Schauplätze wurden ausprobiert: Mit einem Heer an Komparsen brachte Reinhardt 1910 im Berliner Zirkus Schumann vor 5000 Zuschauern Hofmannsthals „König Ödipus" auf die Bühne. Gemeinsam mit Reinhardt rief Hofmannsthal 1920 auch die Salzburger Festspiele ins Leben, zu deren Markenzeichen sein „Jedermann", das Mysterienspiel auf dem Domplatz, werden sollte. Aus dem erfolgreichen Duo wurde, als Richard Strauss „Elektra" mit dem Libretto von Hofmannsthal und unter der Regie von Max Reinhardt auf die große Opernbühne brachte, ein Trio: Der „Rosenkavalier" und „Ariadne auf Naxos" machten Hofmannsthal über den deutschsprachigen Raum hinaus berühmt.

Die erste Theaterbühne Wiens, das Burgtheater, sollte dem Dichter, der in Deutschland für solche Furore sorgte, nie wirklich eine Heimstätte werden. An Marie Luise Borchardt, die Frau seines hitzköpfigen Freundes Rudolf Borchardt, schrieb er im Dezember 1921 nicht minder hitzköpfig: „Die ‚Burg' diesen Augiasstall kann man nur anzünden, eine andere Cur weiss ich nicht."[342]

7

Eigene Wege gehen

„Ich gehe allein im Wald am Loserabhang, mache das kleine Gedicht: ‚Da ich weiß, du kommst mir wieder.' Nachher wird besprochen, wir sollen den nächsten Morgen auf den Sattel frühstücken gehen. Ich thue alles, damit wir um 6h geweckt werden und die Mutter ihre Thür zu macht. Ich komm um ½ 12 nachhaus. Ihre Thür ist eine Handbreit offen. Ich leg mich ins Bett warte. Hör um ½ 1 den Hans dem Poldy gute Nacht sagen, dann herauf gehen. Horche dann an ihrer Thür. Sie scheint eingeschlafen. Ich mache endlich meine Thür zu und schlafe auch ein. In der Morgendämmerung wach ich auf und hör etwas an meiner Thür. Sie steht da. Sie bleibt bei mir bis es fast ganz hell ist. Das war das erste Mal. Es waren wieder nur vier Male."[343]

Im Spätsommer 1898, als sich Hofmannsthal und Beer-Hofmann nach den gemeinsamen Tagen in Lugano der Familie Schlesinger in Bologna anschlossen, kamen sich Hofmannsthal und Gerty Schlesinger näher. Ihren Bruder, den Maler Hans Schlesinger, hatte Hofmannsthal bereits im April 1896 wissen lassen: „Deine Schwester gefällt mir von allen Frauen die ich jetzt kenne am besten. Sie ist, außen und innen, in einem unglaublich glücklichen Gleichgewicht und von einer solchen naiven Sicherheit und Vertraulichkeit, dass sie einen wirklich aufheitert, was etwas sehr seltenes ist."[344] In Altaussee, im Sommer 1899, sollte sich das Liebesverhältnis zwischen ihr und Hofmannsthal dann intensivieren. Die nächtlichen und frühmorgendlichen Begegnungen in ihren Zimmern des Gasthofs „Brunnthaler", die Hofmannsthal in seinem Tagebuch schildert, mussten allerdings noch vor ihrer Mutter verheimlicht werden, die gleich im Nachbarzimmer schlief.

Gerty von Hofmannsthal, 1901.

Anfang Juni 1901 ließen sich der Dichter und Gerty Schlesinger in der Wiener Schottenkirche trauen. Da sie aus einer assimilierten jüdischen Familie stammte, konvertierte sie vor der Hochzeit noch rasch zum katholischen Glauben. Nach der Rückkehr von der Hochzeitsreise zum Lido di Venezia, wo man zehn Tage im luxuriösen „Grand Hotel des Bains" verbrachte, zog das Paar nach Rodaun, eine ländliche Gemeinde, etwa 15 km südwestlich von Wien gelegen, in ein kleines „Schlössl" aus der theresianischen Epoche.

Hofmannsthal war nach Hermann Bahr also der zweite der Gruppe, der sich um 1900 nicht nur von seinem Junggesellendasein, sondern auch von seiner Stadtwohnung verabschiedete. Auch die anderen Jung Wiener übersiedelten in den nächsten Jahren in die ländlichen Vororte oder in die noch dörflich geprägten Bezirke hinter dem Linienwall, die erst wenige Jahre zuvor der Stadt zugeschlagen worden waren.

Beer-Hofmann zog mit seiner Familie ebenfalls nach Rodaun, wo er fünf Jahre lang in der heutigen Ketzergasse lebte, ganz in der Nachbarschaft Hofmannsthals. Der Freund hatte sich sehr darum bemüht, Beer-Hofmann zu einem Umzug dorthin zu bewegen und sich selbst sogar auf die Suche nach einer geeigneten Bleibe für ihn, seine Frau und seine drei Kinder gemacht; im Dezember 1898 war die zweite Tochter Naëmah geboren worden, im Januar 1901 der Sohn Gabriel.

Beer-Hofmanns Umzug in das Wiener Cottageviertel fünf Jahre später stellte für Hofmannsthal ein bedrückendes Ereignis dar.[345] In Währing, dem 18. Wiener Gemeindebezirk, der seit 1892 zu Wien gehörte, ließ sich Beer-Hofmann von Josef Hoffmann eine Villa im Spätjugendstil bauen; aus ungeklärten und unerklärlichen Gründen wurde diese 1970 abgerissen. Unter der Verwaltung des 1873 gegründeten Wiener Cottage-Vereins, dem lange Zeit Heinrich Ferstel als Obmann vorstand, wurden hier Ein- und Zweifamilienhäuser mit Garten, zum Teil im Stil englischer Landhäuser, gebaut. Es war als Alternative zu den kostspieligen innerstädtischen Zinspalästen gedacht, sehr bald jedoch entwickelten sich die zwischen Währing und Döbling gelegenen Parzellen zur vornehmsten und teuersten Wohngegend Wiens.[346] Auch Felix Salten zog es ins Cottageviertel. 1902 hatte er seine langjährige Freundin,

Richard Beer-Hofmanns Jugendstil-Villa in der Hasenauerstraße 59.

Felix Salten mit seiner Frau Ottilie Metzl, 1917.

die Schauspielerin Ottilie Metzl, geheiratet, um 1910 übersiedelten sie mit ihren zwei Kindern von der Armbrustergasse im benachbarten Bezirk Döbling in die Cottagegasse, wo die Familie bis zum „Anschluss" eine Villa zur Miete bewohnte.[347] Ottilie Metzl war seit 1891 Mitglied des Burgtheaterensembles. Weil jedoch Salten permanent gegen den 1898 eingesetzten Direktor Paul Schlenther schoss, der bis 1905 seinen Freund Schnitzler an der Burg verhinderte, wurde seine Frau – so zumindest interpretierte Salten den Sachverhalt – 1899 gekündigt. Ihre neue Wirkungsstätte sollte das Raimundtheater sein. Salten selbst entwickelte sich in den Jahren nach der Jahrhundertwende zum äußerst findigen Allrounder, der Freude am Zeitgeist zeigte, an Hoch- und Populärkultur, an Romanen schrieb, aber auch für Film und Operette arbeitete.

Sein größter Erfolg kam dann aber in seinen allerletzten Jahren. Walt Disneys Verfilmung seiner Tiernovelle „Bambi. Eine Lebensgeschichte aus dem Walde", die er 1923 veröffentlicht hatte, machte seinen Namen 1942 schließlich international bekannt.

Seit 1910 war auch Schnitzler Teil der Künstlerkolonie des „Kottääsch", wie die Wiener die beliebte Wohngegend nannten und nennen. Er hatte es kaum erwarten können, in einem eigenen, repräsentativen Haus mit entsprechendem Sozialprestige zu wohnen: „Alle Menschen haben eigne Häuser, … – und ich – ich", beklagte er schon am Neujahrstag 1902 in einem Brief an die zwanzig Jahre jüngere Olga Gussmann, die seit knapp eineinhalb Jahren seine Geliebte war und gerade das erste Kind von ihm erwartete – Sohn Heinrich sollte im August des Jahres zur Welt kommen. Zwei Monate später, als er Gerhart Hauptmann in Agnetendorf besuchte, schrieb er an Olga: „Ich sitze allein in der großen Hall des Hauptmannschen Schlösschens und denke mir, wie schön es wäre mit dir zusammen in einem eignen Haus *fern der Stadt* zu wohnen.“[348]

Nach der Heirat mit Olga Gussmann im August 1903, zu der er sich von seinen Verwandten und von ihr eher gedrängt gefühlt hatte, zog die Kleinfamilie in eine Wohnung in der Spöttelgasse (seit 1918 Edmund-Weiß-Gasse), im achtzehnten Wiener Gemeindebezirk. Die Wohnung war wunderschön gelegen, gleich gegenüber dem Sternwartegarten, doch spätestens als Tochter Lili 1909 auf die Welt kam, wurde sie zu klein für die vierköpfige Familie.

Nach zermürbender Wohnungssuche – „Aus Wohnungssorgen entstehende Ehedüsterkeiten“ – erwarb er das Haus der populären Burgschauspielerin Hedwig Bleibtreu in der Sternwartestraße, nur eine knappe Gehminute von Beer-Hofmanns Villa in der Hasenauerstraße entfernt. Hier sollte er bis zu seinem Tod leben. Die weitere Ehe mit Olga Schnitzler allerdings verlief nicht allzu glücklich. Ihren Traum einer Karriere als Sängerin verfolgte sie ambitioniert, aber letztlich nicht sehr erfolgreich, was sie immer unzufriedener werden ließ. Dass sie nur als Mutter und Gattin

Das Haus der Familie Schnitzler in der Sternwartestraße 71. Links vor dem Haus Olga Schnitzler mit Sohn Heinrich, auf der Veranda Arthur Schnitzler mit Tochter Lili, 1912.

Arthur Schnitzler mit seiner Familie. Atelier Madame d'Ora, 1910.

wahrgenommen wurde, war für die selbstbewusste Frau mit wachem Intellekt, die dem Ehemann ebenbürtige Gesprächspartnerin war, freilich schmerzhaft. Dazu kam, dass Schnitzler, der sich zweifellos als Mittelpunkt des Familienuniversums sah, den Wunsch seiner Frau nach einer „Künstlerehe“ keineswegs teilte. Nach der Scheidung 1921 blieb er im Haus.[349]

Gerade für Schnitzler, der seine Spaziergänge, Bicycle-Ausfahrten und Landpartien auch außerhalb der Sommerfrische dringend brauchte, war die Wohngegend von Beginn an ideal. Der Türkenschanzpark lag buchstäblich vor der Tür, der Pötzleinsdorfer Schlosspark, der große Schwarzenbergpark und der Wienerwald waren nicht weit entfernt. Das Leben im Cottageviertel schien bestens dafür geeignet, die bohèmehafte Lebensführung, soweit die ungewohnte Rolle des Ehemanns und Familienvaters dies überhaupt zuließ, an ein naturverbundenes, gesundes Leben zu koppeln. Ein solches war von der Lebensreform-Bewegung, mit der insbesondere Hermann Bahr sympathisierte, um 1900 breitenwirksam propagiert worden.

Ruhe von der Metropole – Ende der 1880er-Jahre hatte der Friedrichshagener Dichterkreis, eine lose künstlerische Vereinigung naturalistischer Schriftsteller, in der märkischen Naturlandschaft Ruhe von der Weltstadt Berlin gesucht. So fand man sich bei Wilhelm Bölsche und Bruno Wille in Friedrichshagen am Müggelsee oder bei Gerhart Hauptmann in Erkner zusammen. Der Wunsch, den die Jung-Wiener Autoren um 1900 allesamt hegten, nämlich, in einem gewissen Abstand zur (inneren) Stadt ihren Lebensmittelpunkt zu finden, lässt sich auch als kritischer Impuls gegenüber der Modernisierung verstehen. Im Zuge der Industrialisierung, Urbanisierung und Stadterweiterungen war auch Wien seit den 1850er-Jahren langsam, aber stetig zu einer modernen Metropole angewachsen.

Über die historische Wien-Karte legte sich seit Ende des 19. Jahrhunderts allmählich ein öffentliches Verkehrsnetz. Das Stadtbild be-

Blick vom Stock-im-Eisen-Platz in Richtung Graben, 1908.

herrschten Großomnibusse, Tramways, anfangs mit Pferden oder Dampf, bald auch elektrisch betrieben. Geschwindigkeit wurde zu einer zentralen Lebenserfahrung, wie sich auch Stefan Zweig in der „Welt von Gestern" erinnerte: „Wir, gejagt durch alle Stromschnellen des Lebens, wir, gerissen aus allen Wurzeln unseres Verbundenseins".[350] Welchen enormen Eindruck mussten die zeitgenössischen Beschleunigungsphänomene auf die Stadtbevölkerung machen?

Keiner in der Gruppe nahm sich diesem „Schock-Erlebnis" in literarisch vergleichbarer Weise an wie Felix Salten. In „Die Wege des Herrn", einer Erzählung von 1908, wird Salten einen Hund orientierungslos quer durch Wien hetzen. Es ist bekanntlich nicht das erste und auch nicht das letzte Mal, dass der Autor ein Tier zum Protagonisten auserkor. Ein Hund versucht dem Omnibus zu folgen, in den sein Herrchen gerade eingestiegen ist. Das Tier ist altersmüde, kann der Geschwindigkeit kaum folgen, noch dazu warten an jeder Straßenecke die Verführungen des unbekannten Stadtraums. Als der Bus seines Herrchens an einer Kreuzung auf die vielen anderen, äußerlich identischen Gefährte trifft, beginnt die große Konfusion: „Aber da kreuzten viele solche gelben Wagen, verwirrten ihn, er war erschrocken, wandte sich nach allen Seiten, doch überall rollten diese gelben Wagen, kamen entgegen, verschwanden unter anderem Fuhrwerk, entfernten sich und glichen einander zum Verwechseln."[351] Schuld an seiner kurzen Unachtsamkeit ist seine Verdauung, die ihn an den Straßenrand zwingt. Seine Natur, so ließe sich sagen, steht der Mechanik der großstädtischen Abläufe entgegen, seine Instinkte genügen hier nicht mehr zur Orientierung.

Franz Zavrel, Koloman Moser, Hermann Bahr und Peter Altenberg am Lido in Venedig, 1913.

Hugo von Hofmannsthal in seinem Haus in Rodaun, um 1905.

Die Großstadt also spielt ihm einen Streich, denn wie es kommen musste, hetzt der Hund nun dem falschen gelben Bus hinterher, bis zum Rand der Großstadt, wo er schließlich völlig erschöpft auf einer Mülldeponie verendet.[352]

Wenn Hofmannsthal in Bahrs angriffigem Artikel „Die Entdeckung der Provinz" noch als Vertreter der städtischen Literatur genannt ist – der Autor sollte nach der Jahrhundertwende selbst immer nachdrücklicher Kritik an der chaotischen Großstadt üben. Die literarischen und essayistischen Arbeiten seiner mittleren und späten Schaffenszeit sind von der Sehnsucht nach einer historisch unbeschädigten, vormodernen Welt durchzogen. In seinen fiktiven „Briefen des Zurückgekehrten" aus dem Jahr 1906 lässt er einen Handelsreisenden, der in Asien und Südamerika einer noch unentfremdeten, harmonischen Welt begegnet war, von früheren Zeiten träumen. In seinen Essays zur zeitgenössischen österreichischen Literatur der zwanziger Jahre sollte Hofmannsthal, wie schon Bahr, auch Heimatdichter lobend erwähnen – Autoren, die das „Simple und Althergebrachte" schätzen und eine Kunst schaffen, die mit dem „Heimatboden" und landesüblichen „Bräuchen" verwurzelt sind.[353] In seiner „Schrifttumsrede" von 1927 rief Hofmannsthal schließlich zur konservativen Revolution auf.

Als Grund für seinen Wegzug aus Wien nannte Hofmannsthal in einem Brief an Beer-Hofmann den Wunsch, „sich von der erniedrigenden und abmüdenden Atmosphäre ganz frei zu halten". Als sich dann die zukünftige Bleibe gefunden hatte, schwärmte er gegenüber seinem Freund Eberhard von Bodenhausen: „Das Schönste ist, dass wir ein unglaubliches kleines Haus auf dem Land gefunden haben, zwanzig Minuten mit der Eisenbahn von Wien, in dem wir Sommer und Winter wohnen werden. Es ist zur Zeit der Kaiserin Maria Theresia von einem Fürsten Trautsohn, der ein Schwarzkünstler gewesen sein soll, für seine Geliebte gebaut worden. Es ist nicht größer als ein Bauernhaus, hat ein wunderschön geformtes altes Schindeldach, einen großen grünen Salon mit bemalten Wänden und einen tiefen, in den schwarzen Felsen gewölbten Keller. Der Garten, voller alter Obstbäume, geht steil den Berg hinauf, oben tritt man durch ein kleines Gartentörchen auf einen gepflasterten freien Platz, auf dem Gras wächst; dort steht eine ganz kleine Kirche. Der Ort heißt Rodaun."[354] Ein locus amoenus – man hätte zweifellos auch moderner, komfortabler wohnen können. Wäh-

Gruppe auf dem Tennisplatz. Gerty Schlesinger und Hugo von Hofmannsthal am Netz stehend, um 1900.

rend Hugo und Gerty von Hofmannsthal auf Hochzeitsreise weilten, bekam die Außenfassade des „Rodauner Schlössls" einen neuen Anstrich. Dass das Haus im authentischen Schönbrunnergelb erstrahlen sollte, mit den entsprechenden grünen Fensterläden, zeigt, wie sehr ihm daran gelegen war, die Geschichte Alt-Österreichs mit seiner eigenen zu verweben.[355] Nicht zufällig sind im Umkreis der Epoche Maria Theresias auch so manche seiner späteren Dramen und Opernlibretti angesiedelt, so etwa der berühmte „Rosenkavalier".

Hofmannsthal machte sich zum Botschafter einer altösterreichischen, barocken Tradition, die zu seinen Lebzeiten gar nicht mehr existierte. Zu seinem großen Bedauern sollte es auch mit Habsburg bald vorbei sein.[356] Die Schriftsteller und Kulturschaffenden, die er hier empfing, waren jedenfalls immer seltener die Freunde seiner Jung

Wiener Tage. Seine Mitarbeit bei den verschiedenen Zeitschriftenprojekten, seine ersten Theatererfolge in Berlin sowie sein dreimonatiger Paris-Aufenthalt im Jahr 1900 hatten ihn mit einer ganzen Reihe von Autoren bekannt gemacht, die ihm bald neue Türen öffnen sollten: so etwa der vielbegabte Eberhard von Bodenhausen, Unternehmer und Kunsthistoriker, den er bereits 1897 über die Berliner Jugendstil-Zeitschrift *Der Pan* kennengelernt hatte. Mit ihm verband Hofmannsthal eine lang währende tiefe Freundschaft. Ebenso mit Harry Graf Kessler, dem feinsinnigen deutschen Kunstsammler und Mäzen. Seine Tagebücher, die sich über 57 Jahre erstrecken, sind wertvolle Zeugnisse dieser bedeutenden Umbruchsjahre. Außerdem mit Rudolph Alexander Schröder, dem ersten länger verweilenden Gast in Hofmannsthals Landhaus, einem Schriftsteller, Übersetzer und evangelischen Kirchenlieddichter. Ihn lernte Hofmannsthal über die Zeitschrift *Die Insel* kennen, die Schröder mitbegründet hatte. Und nicht zuletzt mit Rudolf Borchardt, dem deutschen Schriftsteller, Übersetzer und gefragten Redner. Die Freundschaft mit Borchardt, zeitlebens ein Mann der starken Worte, gestaltete sich jedoch sehr wechselhaft.[357]

Und nicht nur Hofmannsthal orientierte sich fortan nach Deutschland. Es zeigte sich, dass die lokalen Netzwerke als intellektuelle und karrierefördernde Impulsgeber für das Junge Wien ab 1900 an ihre Grenzen gestoßen waren. Es bedurfte neuer Bekanntschaften, neuer Freundschaften, neuer Spielräume. Knapp zehn Jahre lang hatten sich die Autoren der lockeren Clique zugehörig gefühlt, es waren zweifellos prägende Jahre, in denen man als Netzwerk im umkämpften deutschsprachigen Literaturbetrieb stets füreinander eingestanden war. Aus den Unbekannten waren Schriftsteller-Stars geworden, die in den folgenden Jahren die deutschsprachige Kulturszene wesentlich mitgestalten sollten – über die verschiedensten Gattungen, Genres, Medien und Kultursphären hinweg: als Erzähler und Dramatiker, Librettisten für Oper und Operette, als Journalisten und Feuilletonisten,

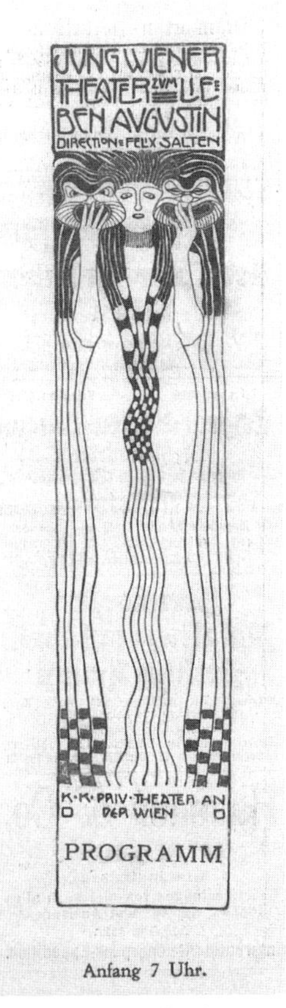

Programmheft „Jung Wiener Theater zum Lieben Augustin", gestaltet von Koloman Moser, 1901.

als Drehbruchschreiber für den Film und sogar als kulturelle Entrepreneurs. Lange bevor Hofmannsthal die Salzburger Festspiele mitbegründete, rief Felix Salten (1901) das „Jung-Wiener-Theater ‚Zum lieben Augustin'" ins Leben, das erste literarische Kabarett in Wien. Es nahm sich Ernst von Wolzogens „Buntes Theater ‚Ueberbrettl'" in Berlin zum Vorbild. Salten selbst wirkte als Programmgestalter und Choreograf, Jugendstilmaler Koloman Moser übernahm die Bühnengestaltung. Geboten wurde ein buntes Potpourri aus Gesang, Tanz, Theater, Schattenspielen und Lyrischem.[358] Auch die Jung Wiener Hofmannsthal, Schnitzler und Hermann Bahr waren in der Programmvorschau angekündigt worden, zu ihrer Beteiligung kam es letztlich jedoch nicht.[359] Nach nur sieben Vorstellungen war es auch schon wieder vorbei mit dem waghalsigen Ausflug ins Veranstaltergeschäft. Das Experiment des Jung Wiener Theaters „Zum lieben Augustin" kostete Salten 6000 Kronen.

Es mag wohl gleichzeitig auch der letzte Versuch gewesen sein, den Begriff „Jung-Wien" noch einmal zu beleben. Mit dem Abschied von ihrem Junggesellendasein und dem Wegzug aus der Stadt sollte der Literatenkreis für seine Mitglieder dann auch an Bedeutung verlieren. Doch auch wenn die Autoren fortan ihre eigenen Wege gingen, sie blieben einander bis zu ihrem Lebensende in Freundschaft verbunden. Man sah sich auch weiterhin, in Rodaun, im Cottageviertel und auf Sommerfrische, hielt sich auf dem Laufenden über Privates und die Schriftstellerei. Blieb einander als Leser und Kritiker treu, und teilte Erinnerungen an die gemeinsame Jugend in Wien.

Postkarte von Arthur und Olga Schnitzler, Hugo und Gerty von Hofmannsthal an Hermann Bahr aus St. Gilgen am Wolfgangsee, 1904.

Wien, 9.X. 1925

Mein lieber Hugo,

Sonntag fahre ich nach Berlin (Hotel Esplanade) – schicken sie den Turm gleich ab, so findet er mich dort, da ich wohl mindestens 8 Tage dort bliebe. Unter anderm werd ich dort Heini als Theodor in der Liebelei sehen (die heute vor 30 Jahren in Wien zum „überhaupt“ ersten Mal aufgeführt wurde.) Auch ein neues Stück nehm ich nach Berlin mit, in Versen, und heißt: „Der Gang zum Weiher“ … Auch eine „Traumnovelle“ (so heißt sie) erscheint nächstens … Hoffentlich sieht man sich einmal wieder – und bald. (Es wird immer später.) Christiane sah ich in Venedig; ich glaube, Lili und Olga haben sie nach meiner Abreise auch gesprochen. – Nichts von alldem ahnten wir heute vor 30 Jahren. Und eigentlich war es gestern.

Leben Sie wohl.

In Herzlichkeit

Ihr A.[360]

Anmerkungen

1 Vgl. etwa Jens Rieckmann: Aufbruch in die Moderne. Die Anfänge des Jungen Wien. Österreichische Literatur und Kritik im Fin de Siècle, Königstein/Ts. 1985, 16f.; Peter Sprengel und Gregor Streim: Berliner und Wiener Moderne. Vermittlung und Abgrenzung in Literatur, Theater, Publizistik. Wien/Köln/Weimar 1998, S. 21–24. Konstanze Fliedl: Arthur Schnitzler. Stuttgart 2005, S. 16f.

2 Teilnehmer der literarischen Kaffeehausrunde des Jungen Wien waren ausschließlich Männer. Generell gilt es festzuhalten, dass schreibende Frauen in der Öffentlichkeit der Wiener Moderne eklatant unterrepräsentiert waren. In der 1890 gegründeten Zeitschrift *Moderne Dichtung*, dem wichtigsten Organ der modernen Literatur in Wien, und im Nachfolgeblatt *Moderne Rundschau* waren jedoch auch einige Autorinnen beteiligt, neben der hoch geschätzten Übersetzerin skandinavischer Literatur und Kritikerin Marie Herzfeld auch die spätere Friedensnobelpreisträgerin Bertha von Suttner, Marie Eugenie delle Grazie, Sophie von Khuenberg und Franziska von Kapff-Essenther. Vgl. Urte Helduser: Geschlechterprogramme: Konzepte der literarischen Moderne um 1900. Köln/Weimar/Wien 2005, S. 268. Siehe zum Thema auch: Brigitte Spreitzer: Die österreichischen Moderne der Frauen (Studien zur Moderne 8). Wien 1999.

3 In seinem Brief an Schnitzler anlässlich seines sechzigsten Geburtstags erklärt Sigmund Freud, warum er in all den Jahren nie den Versuch unternommen habe, mit dem Schriftsteller, einem „psychologischen Tiefenforscher“, ins Gespräch zu kommen: „Ich meine, ich habe Sie gemieden aus einer Art von Doppelgängerscheu.“ Brief Freud an Schnitzler, 14.5.1922. Abgedruckt in: Die

Wiener Moderne. Literatur, Kunst und Musik zwischen 1890 und 1910. Hrsg. von Gotthart Wunberg, Stuttgart 1981, S. 651ff.

4 Richard Specht: Arthur Schnitzler. Berlin 1922, S. 33. In einem irrte sich Specht allerdings: Hofmannsthal war Schüler des Akademischen Gymnasiums gewesen, nicht des Theresianums.

5 Arthur Schnitzler: Jugend in Wien. Hrsg. von Therese Nickl und Heinrich Schnitzler. Frankfurt a. M. 2006, S. 11.

6 Ebd., S. 45. Es ist zumindest das erste Gedicht, das von Schnitzler erhalten ist.

7 TB Schnitzler, I, S. 57 (25.5.1880).

8 Arthur Schnitzler: Jugend in Wien, S. 117. (Drittes Buch. September 1879 bis Juli 1882)

9 TB Schnitzler, II, S. 286.

10 TB Schnitzler, II, S. 313.

11 Richard Beer-Hofmann: Daten. Mitgeteilt von Eugene Weber. In: Modern Austrian Literature 17/2, 1984, (2), 19.

12 Arthur Schnitzler: Jugend in Wien, S. 319f.

13 BW Hofmannsthal – Schnitzler, S. 65 (17.5.1896).

14 Rudolf Hirsch: Hofmannsthal und Stefan Gruß. Zeugnisse und Briefe. In: Hirsch I, S. 378–427, hier 394f.

15 Vgl. Tobias Heinrich: Das Akademische Gymnasium. Pflichterfüllungswolken und Künstlerträume. In: Hofmannsthal. Orte. Hrsg. von Wilhelm Hemecker und Konrad Heumann. Wien 2014, S. 41.

16 Hofmannsthal an Gabriele Sobotka, 25.9. (FDH, Abschrift Nr. 29).

17 Hofmannsthal: Age of Innocence. In: SW XXIX (Erzählungen 2), S. 15.

18 Vgl. BW Hofmannsthal – Beer-Hofmann, S. 198 (Kommentar des Hrsg.)

19 Der Vater an Hofmannsthal, 8.6.1895 und 9.5.1896. In: BW Eltern.

20 TB Schnitzler, II, S. 316 (5.2.1891) und S. 321 (29.3.1891).

21 *An der Schönen Blauen Donau. Belletristisch Musikalische Zeitschrift.* 5. Jg. 1890, H. 12, 273 und H. 15, 352.

22 Hofmannsthal: Was ist die Welt. SW I, S. 7.

23 Zitiert nach: „Sicherheit ist nirgends“. Das Tagebuch von Arthur Schnitzler. Bearbeitet von Ulrich von Bülow. In: Marbach Magazin 93 (2001), S. 27f.

24 Felix Salten: Mein Vater. In: Neue Freie Presse, 1.1.1931, S. 1–4. Vgl. auch: Siegfried Mattl, W. M. Schwarz: Felix Salten. Annäherung an eine Biographie. In: Mattl/Schwarz: Felix Salten, S. 21.

25 Felix Salten: Aus den Anfängen. Erinnerungsskizzen. In: *Jahrbuch deutscher Bibliophilen-Gesellschaft* 18/19 (1932/33), S. 31–46.

26 Felix Dörmann: Was ich liebe. In: Wunberg/Braakenburg, S. 357.

27 Felix Salten: Aus den Anfängen, S. 32.

28 Vgl. Hermann Bahr: Liebe der Lebenden. Tagebücher 1921/23. 1. Bd. Hildesheim 1925, S. 15.

29 Bahr war jedoch nie reguläres Mitglied der Burschenschaft, sondern nur ein Konkneipant, ein „Kneipschwanz“, wie dies früher hieß.

30 Hermann Bahr: Die gute Schule, Berlin 1890, S. 225.

31 Helga Mitterbauer: Kulturvermittlung um 1900. Hermann Bahr, Franz Blei und Max Brod. In: Übergänge und Verflechtungen. Kulturelle Transfers in Europa. Hrsg. von Gregor Kokorz und Helga Mitterbauer. Bern/Wien 2004, S. 80–84. Vgl. auch Jens Rieckmann, 1985, S. 31–41.

32 Hermann Bahr: Selbstbildnis, Berlin 1923, S. 265.

33 Hugo von Hofmannsthal. Die Gestalt des Dichters im Spiegel der Freunde. Hrsg. von Helmut A. Fiechtner. Wien 1949, 41.

34 Vgl. Edgard Haider: Verlorenes Wien. Adelspaläste vergangener Tage. Wien 1984, S. 17.

35 *Wiener Theaterzeitung*, Originalblatt für Kunst, Literatur, Musik, Mode und geselliges Leben, H. 6, 29.12.1847, S. 1243.

36 NFP Nr. 11641 vom 19.1.1897, S. 7.

37 Vgl. Alfred Zohner: Jung-Österreich und Jung-Wien: Café Griensteidl. In: Deutsch-Österreichische Literaturgeschichte. Ein Hand-

buch zur Geschichte der deutschen Dichtung in Österreich-Ungarn. Hrsg. von Willibald Nagl, Jakob Zeidler, Eduard Castle. Bd. 4. Wien 1937, S. 1715–1736, hier S. 1715f.

38 NFP Nr. 11641 vom 19.1.1897, S. 7. Vgl. auch Andrea Portenkirchner: Die Einsamkeit am „Fensterplatz" zur Welt. Das literarische Kaffeehaus in Wien 1890–1950. In: Literarische Kaffeehäuser, Literarische Kaffeehausliteraten. Hrsg. von Michael Rössner. Wien 1999, S. 36.

39 Stefan Großmann: Ich war begeistert. Eine Lebensgeschichte. Berlin 1931, S. 54f.

40 Richard Kola: Rückblick ins Gestrige. Erlebtes und Empfundenes. Wien 1922, S. 63f. – Karl Kraus: Zur Ueberwindung des Hermann Bahr. In: Karl Kraus. Frühe Schriften. Hrsg. von Johannes J. Braakenburg. Bd. 1. Frankfurt a. M. 1988, S. 112.

41 TB Schnitzler, II, S. 394 (3.12.1892).

42 Zitiert nach Jugend in Wien. Literatur um 1900. Hrsg. von Ludwig Greve und Werner Volke. Marbach a. N. 1974, S. 98.

43 Siehe hier auch: Hemecker, Wilhelm/Österle, David: Cafe S. Griensteidl. Loris und das Junge Wien. In: Hofmannsthal. Orte – 20 biographische Erkundungen. Hrsg. von Wilhelm Hemecker und Konrad Heumann. Wien 2014, S. 97–100.

44 Vgl. Jens Rieckmann, S. 50.

45 Die Auflistungen Schnitzlers und Bahrs enthalten noch etliche weitere Namen von Kulturschaffenden: Rudolf Lothar, Mitarbeiter der *Neuen Freien Presse,* der Theaterkritiker der *Wiener Rundschau* Friedrich Schick, der von Schnitzler äußerst geschätzt wurde, der Historiker Falk Schupp, Karl Federn, Schriftsteller, Übersetzer und später erfolgreicher Diplomat, die Brüder Paul und Robert Fischer sowie die Schriftsteller Vincenz Chiavacci und Carl Freiherr Toressani.

46 Edward Timms: Die Wiener Kreise. Schöpferische Interaktionen in der Wiener Moderne. In: Die Wiener Jahrhundertwende: Ein-

flüsse, Umwelt, Wirkungen. Hrsg. von Jürgen Nautz und Richard Vahrenkamp. Graz, Wien 1993. S. 128–144, hier S. 132.

47 Vgl. Richard Reichensperger: Zur Praxis kommunikativen Handelns. Das „Café Griensteidl" in Wien. In: Kreise – Gruppen – Bünde. Zur Soziologie moderner Intellektuellenassoziation. Hrsg. von Richard Faber und Christine Holste, Würzburg, 2000, S. 85–109, S. 91.

48 Richard Specht: Arthur Schnitzler, S. 33.

49 Karl Kraus: [Buchrezension zu „Gestern"]. In: Frühe Schriften. Bd. 1. Hrsg. von Johannes J. Braakenburg. Frankfurt a. M. 1988, S. 14f.

50 Richard Specht, 1922, S. 33.

51 Peter Altenberg: Vita Ipsa. Berlin 1918, S. 166.

52 Andrew Barker und Leo A. Lensing: Peter Altenberg. Rezept die Welt zu sehen. Wien 1995, S. 48.

53 TB Schnitzler, II, S. 266. (14.10.1897)

54 Peter Altenberg: Vita Ipsa. Berlin 1918, S. 186.

55 TB Schnitzler, I, S. 320, (23.3.1891).

56 Felix Salten: Aus den Anfängen, S. 44.

57 TB Schnitzler, S. 325 (17.4.1891).

58 BW Schnitzler – Beer-Hofmann, S. 81 (15.9.95).

59 TB Schnitzler, S. 351 (7.10.1891) und S. 358 (23.12.1891).

60 Hermann Bahr: 1919. Leipzig 1920, S. 305. – TB Schnitzler, III, S. 229 (27.10.1906). – Hofmannsthal, SW XXXVIII, S. 359.

61 Friedrich Eckstein: „Alte unnennbare Tage!" Erinnerungen aus siebzig Lehr- und Wanderjahren. Wien 1988, S. 132.

62 BW Hugo und Gerty von Hofmannsthal – Hermann Bahr. 1891–1934. Hrsg. von Elsbeth Dangel-Pelloquin. Göttingen 2013, S. 26.

63 Vgl. William M. Johnston: Österreichische Kultur- und Geistesgeschiche. Gesellschaft und Ideen im Donauraum 1848–1938. Wien/Köln/Graz 1974, S. 64. Vgl. auch Dagmar Lorenz, S. 30 sowie Andrea Portenkirchner, S. 36.

64 Stefan Zweig: Die Welt von Gestern. Erinnerungen eines Europäers. Frankfurt a. M. 1970, S. 56.

65 Hofmannsthal an die Eltern, 29. 06. 1895. In: BW Eltern.

66 Edmund Wengraf: Kaffeehaus und Literatur. In: Wiener Literatur-Zeitung Nr. 7 vom 15.5.1891.

67 Hofmannsthal: Internationale Kunst-Ausstellung 1894. SW XXXII, S. 124.

68 BW Hofmannsthal – Schnitzler, S. 113.

69 Hofmannsthal an Gustav Schwarzkopf, Januar 1892 (FDH).

70 Vgl. Thomas Karlauf: Stefan George. Die Entdeckung des Charisma. München 2007, S. 4.

71 Hofmannsthal: Der Prophet. SW II, S. 61.

72 Leopold von Andrian: Erinnerungen an meinen Freund. In: Helmut A. Fiechtner: Hugo von Hofmannsthal. Die Gestalt des Dichters im Spiegel der Freunde. Wien 1949, S. 59.

73 BW Hofmannsthal – Stefan George. München 1953, S. 15. (14.1.1982).

74 Thomas Karlauf, 2007, S. 4f.

75 BW George, S. 150.

76 BW George, S. 15.

77 BW George, S. 150.

78 Hofmannsthal. SW XXXVIII, S. 136.

79 Hofmannsthal. SW XXXVIII, S. 217. (Aufzeichnungen 1893)

80 Karl Kraus: [Buchrezension zu Anatol]. In: Karl Kraus. Frühe Schriften. Hrsg. von Johannes J. Braakenburg, Bd. 1, Frankfurt a. M. 1988, S. 68.

81 Hofmannsthal an Gustav Schwarzkopf, Anfang März 1892 (FDH).

82 BW Schnitzler – Beer-Hofmann, S. 34f. (11.3.1892); vgl. auch: TB Schnitzler, S. 366 (20. Februar 1892).

83 Hofmannsthal an Gustav Schwarzkopf, März 1892 (FDH).

84 BW Hofmannsthal – Schnitzler, S. 30f. und S. 36.

85 BW Hofmannsthal – Bahr, S. 29.

86 Es ist nicht gesichert, ob Schnitzler in der Frankgasse gemeinsam oder neben seiner Mutter wohnte. Vgl. Renate Wagner: Arthur Schnitzler in Währing. Eine wienerische Topographie. In: Online Merker. Die internationale Kulturplattform. [https://onlinemerker.com/arthur-schnitzler-in-wahring]

87 Felix Salten: Aus den Anfängen, S. 45.

88 TB Schnitzler I, S. 374 (21.4.1892).

89 Schnitzler, Briefe I, 224f.

90 Felix Salten: Aus den Anfängen, S. 45.

91 Schnitzler, Briefe I, S. 159.

92 Felix Salten: Aus den Anfängen, S. 45.

93 Leopold von Andrian (1875–1951). Korrespondenzen, Notizen, Essays, Berichte. Hrsg. von Ursula Prutsch und Klaus Zeyringer. Wien 2005, S. 781.

94 TB Schnitzler, I, S. 390 (23.10.1892).

95 TB Schnitzler, II, S. 179 (23.3.1896).

96 TB Schnitzler, II, S. 85 (28. 08. 1894).

97 TB Schnitzler, II, S. 85 (22.8.1894).

98 TB Schnitzler, II, S. 206 (29.7.1896).

99 TB Schnitzler, II, S. 98 (4.11.1984).

100 TB Schnitzler, II, S. 184. (17.4.1896)

101 Hofmannsthal suchte immer wieder intensiv den Kontakt zum Älteren: „Wir sehen uns zu selten. Könnte ich nicht Sonntag nach 7 zu ihnen kommen. Ich denke, wir gehen dann zusammen nach 1/2 10 Uhr in diese Gesellschaft. Oder stört es Sie beim Anziehen, wenn ich dabei bin?" BW Hofmannsthal – Schnitzler, S. 65 (13.3.1896).

102 Vgl. Claudia Bamberg: Aussee. Die Poesie des Lebens. In: Hofmannsthal. Orte, S. 425–427.

103 Hofmannsthal: Was die Braut geträumt hat. SW III, S. 85f.

104 TB Schnitzler, II, S. 237 (15.2.1897).

105 Vgl. etwa TB Schnitzler, S. 236 (5.2. 1897).

106 TB Schnitzler, III, S. 110 (4.1.1905).
107 Felix Salten: Aus den Anfängen, S. 34.
108 TB Schnitzler, I, S. 326 (19.4.1891).
109 Felix Salten: Aus den Anfängen, S. 34.
110 BW Schnitzler – Beer-Hofmann, S. 30f. (6.6.1891).
111 Beer-Hofmann: Camelias. In: Beer-Hofmann, Große Richard Beer-Hofmann Ausgabe. Bd. 2: Novellen: Das Kind und Camelias. Hrsg. und mit einem Nachwort von Günter Helmes. Paderborn 1993, S. 98.
112 Beer-Hofmann: Camelias, S. 99.
113 BW Schnitzler – Beer-Hofmann, S. 49f. (3.8.1893). Vgl. auch Robert Rößler: Vom Dandytum zum Judentum. Biographische und werkästhetische Entwicklungen bei Richard Beer-Hofmann, S. 289.
114 Felix Salten: Aus den Anfängen, S. 34.
115 BW Hofmannsthal – Beer-Hofmann, S. 69.
116 TB Schnitzler, II, S. 165 (21.12.1895).
117 TB Schnitzler, I, S. 396f. (20.12.1892).
118 TB Schnitzler, V, S. 68 (5.10.1913). Vgl. auch Jürgen Ehness: Felix Saltens erzählerisches Werk: Beschreibung und Deutung. Peter Lang 2002, S. 40.
119 Hofmannsthal: SW XXXVIII, S. 696.
120 Karl Kraus: Die demolirte Literatur. Steinbach 1972, 23.
121 Hofmannsthal: Briefe I, S. 55–58 (an Felix Salten, 27.7.1892).
122 Hofmannsthal: Briefe I, S. 83 (an Felix Salten, 8.7.1893).
123 Hofmannsthal an Salten; 29.7.1893. Zitiert nach: Siegfried Mattl und Werner Schwarz: Felix Salten. Annäherung an eine Biografie. In: Felix Salten. Schriftsteller – Journalist – Exilant. Hrsg. von Siegfried Mattl/Werner Schwarz/Gerhard Milchram. Wien 2006, S. 28.
124 TB Schnitzler, S. 377 (27.5.1892).
125 Zitiert nach: Jugend in Wien. Literatur um 1900. Hrsg. von Ludwig Greve und Werner Volke. Marbach a. N. 1974, S. 122.
126 Bis in die späteren Jahre hinein hatte Salten immer wieder Schul-

den, denn er pflegte einen recht aufwendigen Lebensstil. Zum Zeitpunkt seiner Hochzeit sollen es knapp 60.000 Kronen gewesen sein.

127 Felix Salten: Aus den Anfängen, S. 35.

128 Felix Salten an Arthur Schnitzler, 18.8.1893. Zitiert nach: Mattl/Schwarz, 2006, S. 22.

129 Felix Salten an Arthur Schnitzler am 6.7.1893. Zitiert nach: Mattl/Schwarz, 2006, S. 24f.

130 Felix Salten, vermutlich 1891, Text in Abschrift, Original Privatbesitz Hirsch.

131 Hofmannsthal: [Felix Salten zum sechzigsten Geburtstag]. In: Reden und Aufsätze III, S. 230.

132 Brief Hermann Bahr an Alois Bahr, 29. 10. 1894, zitiert nach Hermann Bahr. Prophet der Moderne. Tagebücher 1888–1904. Ausgewählt und kommentiert von Reinhard Farkas. Wien, Graz, Köln 1987, S. 65.

133 TB Schnitzler, II, S. 130 (14.3.1895).

134 Hermann Bahr. Tagebücher Skizzenbücher Notizhefte. Bd. 2, 1895–1896, S. 177.

135 BW Hofmannsthal – Strauss, S. 252.

136 BW Bahr – Schnitzler, S. 820–864.

137 BW Schnitzler – Beer-Hofmann, S. 67 (20.10.1894).

138 Hofmannsthal: SW XXXIII, S. 107 (1.5.1891).

139 TB Schnitzler, S. 97 (28.10.1894).

140 Olga Schnitzler: Spiegelbild der Freundschaft, 4. Kapitel, 1962; zitiert nach: BW Bahr – Schnitzler, S. 684.

141 BW Bahr – Schnitzler, S. 426 (2.12.1909).

142 TB Schnitzler, II, S. 65 (30.12.1893).

143 Olga Schnitzler: Spiegelbild der Freundschaft, 4. Kapitel, 1962; S. 611.

144 BW Bahr – Schnitzler, S. 596 (17.3.1930).

145 Freie Bühne für modernes Leben, Mai 1891.

146 Jens Rieckmann, 1985, S. 50f.

147 Felix Salten: Geister der Zeit. Berlin 1924, S. 7f.

148 Felix Dörmann: Henrik Ibsen. In: Moderne Rundschau, 15.4.1891. Vgl. Jens Rieckmann, 1985, S. 53–55.

149 Julius Kulka: Moderne Rundschau, Band 3, Heft 2, 15. April, S. 69–71.

150 Dagmar Lorenz, 2007, S. 49.

151 Hofmannsthal: SW XXXVIII, S. 102.

152 Vgl. Gotthart Wunberg: Einleitung. In: Literatur, Kunst und Musik zwischen 1890 und 1910. Hrsg. von Gotthart Wunberg. Stuttgart 1976, S. 40.

153 BW Hofmannsthal – Beer-Hofmann, S. 3.

154 „Ich sitze im Theatercomité zusammen mit Pernerstorfer, Wengraf, Osten Kafka, Kulka. – Bis jetzt ist noch nicht viel gescheites herausgekommen“, gibt sich Schnitzler in einem Brief an Hofmannsthal Ende Juli skeptisch. (BW Hofmannsthal – Schnitzler, S. 9.)

155 TB Schnitzler, I, S. 354 (28.10.1891).

156 Friedrich Michael Fels: Die Moderne. In: Moderne Rundschau. Bd. 4, H. 3. (1.11.1891), S. 79–81, hier S. 81.

157 Jens Rieckmann, 1985, S. 58.

158 Friedrich Michael Fels: Freie Bühne für den Entwickelungskampf der Zeit, Februar 1892.

159 Jens Rieckmann, 1985, S. 61f.

160 Hermann Bahr: Selbstbildnis, Berlin 1923, S. 278.

161 Jens Rieckmann, 1985, S. 64.

162 Felix Salten: Aus den Anfängen, S. 37.

163 [O. V.:] Magazin für Literatur, 7.5.1892.

164 Hofmannsthal. SW XXXVIII, S. 110 (28.5.1891).

165 Stéphane Mallarmé, Brief an Théodore Aubanel vom 16. Oktober 1865. Zitiert nach: Jacques Le Rider: Historismus und Moderne in der Literatur der Jahrhundertwende. Wien 1997, S. 45f.

166 Jens Rieckmann, 1985, S. 65f.

167 Friedrich Michael Fels: Maeterlinck in Wien. In: Freie Bühne für

den Entwickelungskampf der Zeit 3 (Juni 1892), Nr. 6, 671–672, hier S. 671.

168 Hermann Bahr: Die Überwindung des Naturalismus. In: Hermann Bahr: Die Überwindung des Naturalismus. Als zweite Reihe von zur „Kritik der Moderne". Dresden/Leipzig 1891, S. 152–159, hier S. 152.

169 Dagmar Lorenz, 2007, S. 44–46.

170 Hermann Bahr: Die Moderne. In: Hermann Bahr, 1891, S. 6.

171 Das Konzept formulierte Taine zum ersten Mal in seinem Vorwort zur „Histoire de la littérature anglaise".

172 Dagmar Lorenz, 2007, S. 54f.

173 Hermann Bahr: Die neue Psychologie (II). In: Hermann Bahr, 1891, S. 112. Vgl. auch Dagmar Lorenz, 2007, S. 56.

174 Hermann Bahr: Die Überwindung des Naturalismus. In: Hermann Bahr, 1891, S. 157.

175 TB Schnitzler, S. 351 (4.10.1891).

176 Felix Salten an Arthur Schnitzler, 1.8.1895. Zitiert nach: Mattl/Schwarz, 2006, S. 24f.

177 Hofmannsthal: Gestern. SW III, S. 13 und S. 18.

178 Schnitzler: Anatol, Anatols Größenwahn, Der grüne Kakadu. Stuttgart 1970, S. 36.

179 Ebd., S. 36.

180 Ebd., S. 41.

181 Hofmannsthal: Prolog [zu dem Buch „Anatol"]. In: SW I, S. 25.

182 Ebd., S. 24.

183 Hermann Bahr: Décadence. In: Die Zeit, Band 1, Nr.6 (10.10.1894), S. 89.

184 BW Hofmannsthal – Beer-Hofmann, S. 48 (15. Mai 1895).

185 Hofmannsthal: Algernon Charles Swinburne. In: SW XXXII, S. 70.

186 Jacques Le Rider: Das Menschenbild in der österreichischen Moderne. In: Veröffentlichungen des Tiroler Landesmuseums Ferdinandeum 79/1999, Innsbruck 1999, S. 85.

187 Hermann Broch: Hofmannsthal und seine Zeit. Eine Studie. Frankfurt 1974. S. 42f.

188 Egon Friedell: Kulturgeschichte der Neuzeit. Die Krisis der europäischen Seele von der schwarzen Pest bis zum Ersten Weltkrieg München: Beck 1960, S. 1442f.

189 Richard Schaukal: Bemerkungen zur ästhetischen Wohnungsnot. In: Vom Geschmack. Zeitgemässe Laienpredigten über das Thema Kultur. München 1909, S. 21; vgl. auch: Dirk Niefanger, 1993, S. 19–21.

190 Hofmannsthal: Der Tor und der Tod. S. 65.

191 BW Hofmannsthal – Marie von Gomperz, S. 62.

192 Bei Schnitzler, Bahr und Salten finden sich historische Stoffe in weit geringerem Ausmaß, und doch ging gerade der Renaissance-Kult nicht spurlos an ihnen vorüber. Schnitzler verlegte die Handlung seines Jambendramas „Der Schleier der Beatrice", das recht pathetisch ausfiel und von Kritikern wenig gnädig besprochen wurde, in das Bologna des Cinquecento. In seinem Einakter „Die Frau mit dem Dolche", der ein Jahr später entstand, ist der Zeitsprung in die Renaissance unmittelbarer Teil der Handlung. Saltens Roman „Der Hund von Florenz" spielt ebenfalls in der Zeit und Bahrs vierter Sammelband mit kritischen Schriften ist gar mit „Renaissance" betitelt.

193 BW Hofmannsthal – Edgar Karg von Bebenburg, S 19.

194 Hofmannsthal: Buch der Freunde. In: GW RA III, S. 233–299; hier S. 280. Vgl. auch Jacques Le Rider: Carl E. Schorske und die Wiener Moderne. In: Carl E. Schorske: Wien. Geist und Gesellschaft im Fin de Siecle. Wien/Graz/Klagenfurt 2017.

195 Vgl. auch Dagmar Lorenz, 2007, S. 6.

196 Carl E. Schorske, 2017. Das „Surrogat-Theorem" von Carl Schorske erfreute sich in der Wiener Moderne-Forschung der letzten dreißig Jahre außerordentlicher Beliebtheit. Es stieß gleichzeitig aber auch immer wieder auf Kritik. Nach Steven Beller handle es sich

um ein „blockbuster"-Theorem, das die Heterogenität und die inneren Spannungen der Wiener Moderne untergrabe. Außerdem hebe es die Gegenfiguren der „ästhetischen Moderne", wie etwa Karl Kraus, nicht genügend hervor. Vgl. etwa Steven Beller: Introduction. In: Rethinking Vienna 1900. Hrsg. von Steven Beller. New York/Oxford 2001, S. 1–19, hier S. 15. Vgl. auch: Katharina Prager: Dichter gegen die Zeit? – Karl Kraus und die Traditionen der „kritischen Moderne". In: Tradition in der Literatur der Wiener Moderne. Hrsg. von Wilhelm Hemecker, Cornelius Mitterer und David Österle. Berlin/New York 2017, S. 84ff.

197 Zitiert nach: Karlheinz Rossbacher: Literatur und Bürgertum. Fünf Wiener jüdische Familien von der liberalen Ära zum Fin de Siècle. Wien 2003, S. 374.

198 TB Schnitzler, II, S. 272 (30.11.1897). Auch Hofmannsthal berichtet von der angespannten Lage in einem Brief an Clemens von Franckenstein vom 29. November 1897: „In den freien Stunden hat man immer auf die Gasse gehen müssen, um zuzusehen wie die Polizei ausgepfiffen wird etc. Der Beer-Hofmann ist, wie ich aus der Zeitung sehe, auch vorgestern verhaftet worden, wegen Betretens einer abgesperrten Straße, es wurde ihm eine Nagelfeile (!) und ein Schlagring abgenommen (den letzteren kennst Du wohl persönlich) und er darauf wieder entlassen." BW Hofmannsthal – Franckenstein, S. 59–61, hier S. 60.

199 Die frühen literarischen und essayistischen Arbeiten Hermann Bahrs standen noch ganz im Zeichen sozialkritischen Engagements; vor seinen Jung Wiener Jahren verfasste er politische Aufsätze, die den Einfluss von Karl Marx und Ferdinand Lassalle erkennen lassen.

200 Mattl/Schwarz, 2006, S. 30.

201 Felix Salten: „Leopoldstädter Komiker". In: Wiener Allgemeine Zeitung. 7.10.1896, S. 1.

202 Vgl. Felix Salten: Erhebungen über Barbara Liebhardt. In: Die Wege

des Herrn. Wien 1911, S. 137–149; vgl. auch: Sigfried Mattl: In-Between. Zeit und Erinnerung in Felix Saltens Novellensammlung Die Wege des Herrn. In: Hemecker/Mitterer/Österle. 2017, S. 109f.

203 Vgl. Richard Reichensperger, 2000, S. 93.

204 TB Schnitzler. I, S. 335 (8.6.1891).

205 Arthur Schnitzler: Anatol. Historisch-kritische Ausgabe. Bd. 1. Hrsg. von Evelyne Polt-Heinzl und Isabella Schwentner. Berlin/Boston, S. 1039.

206 Renate Wagner: Arthur Schnitzler. Eine Biographie. Wien 2006, S. 49.

207 TB Schnitzler, I, S. 42 (17.4.1880).

208 TB Schnitzler, I, S. 19 (2.1.1880). Am 9. Mai 1886 notierte sich Schnitzler in sein Tagebuch: „Es war eine Rieseneselei von mir – Mediziner zu werden, und es ist leider eine Eselei, die nicht mehr gut zu machen ist. Abgesehen von einer gewissen Schärfe des Blicks und geklärten Anschauungen, in die mich das mediz. Studium eingeführt hat, möchte ich, daß alles mir wieder genommen wird – oh ich möchte frei, ganz einfach: ich möchte reich und ein Künstler sein." Vgl. auch Guiseppe Farese: Arthur Schnitzler. Ein Leben in Wien. 1862 – 1931. München 1999, S. 30.

209 Jacques Le Rider, 2017, S. 12.

210 Arthur Schnitzler: Später Ruhm. Wien 2014, S. 7.

211 Stefan Zweig: Die Welt von Gestern. Erinnerungen eines Europäers. Frankfurt a. M. 1970, S. 64.

212 Peter Altenberg: „Semmering 1912". Berlin 1913, S. 36.

213 Arthur Schnitzler: Später Ruhm, S. 7.

214 Arthur Schnitzler: Jugend in Wien, S. 326.

215 Arthur Schnitzler: Später Ruhm, S. 3.

216 Ebd., S. 8

217 Hofmannsthal: Prolog [zu „Der Tor und der Tod"]. In: SW III, S. 239–246; hier S. 241.

218 TB Arthur Schnitzler, I, S. 389 (11.10.1892).

219 Felix Salten: Aus den Anfängen, S. 36.

220 Vgl. Dagmar Lorenz, 2007, S. 48. Bölsche bemühte sich ursprünglich darum, auch Hofmannsthal als Mitarbeiter für die Zeitschrift zu gewinnen, wie ein Brief vom 15. Dezember 1891 zeigt. Erst nachdem die „Freie Bühne für den Entwicklungskampf der Zeit" 1893 in „Neue Deutsche Rundschau" unbenannt wurde und die Redaktion an Otto Julius Bierbaum überging, intensivierte sich der Kontakt zwischen den Wienern und Berlinern.

221 BW Hofmannsthal – Schnitzler, S. 18 (27.3.1892).

222 Zitiert nach: Hermann Bahr. Prophet der Moderne. Ausgewählt und kommentiert von Reinhard Farkas. Wien/Graz/Köln. 1987, S. 64.

223 Vgl. Heinz Hiebler: Hugo von Hofmannsthal und die Medienkultur der Moderne. Würzburg 2003, S. 253f.

224 TB Schnitzler, I, S. 313 (30.11.1890).

225 Ebd.

226 TB Schnitzler, II, S. 22 (14.4.1893).

227 TB Schnitzler, II, S. 24 (20.4.1893).

228 TB Schnitzler, II, S. 21 (13.4.1893).

229 TB Schnitzler, VIII, S. 145 (18.11.1925). Vgl. auch Konstanze Fliedl: Arthur Schnitzler, Stuttgart 2005, S. 25f.

230 Brahm an Schnitzler (30.5.1894). Zitiert nach Guiseppe Farese, 1999, S. 64.

231 TB Schnitzler, II, S. 74 (3.4.1894).

232 TB Schnitzler, I, S. 391 (30.10.1892).

233 BW Hofmannsthal – Schnitzler, S. 36 (1.2.1893). Zehn Jahre später, im Dezember 1903, wird Hofmannsthal Schnitzlers Novelle aufs Allerschärfste kritisieren: es wäre ein „dürres und quälendes Buch, [...] ein Buch, wie es deren eigentlich keine geben dürfte". (S. 178f.)

234 Hofmannsthal: Geschichte der beiden Liebespaare. SW XXIX, S. 65–80.

235 BW Hofmannsthal – Beer-Hofmann, S. 61ff. Vgl. auch Claudia Bam-

berg. Aussee. Die Poesie des Lebens. In: Hemecker/Heumann, S. 415–439.

236 Hofmannsthal: Terzinen über Vergänglichkeit. SW I, S. 45.

237 Vgl. Felix Salten: Begräbnis. In: Die Wege des Herrn. Wien 1911, S. 163–173; vgl. auch: Sigfried Mattl 2017, S. 109f.; Michael Gottstein: Felix Salten. Ein Schriftsteller der Wiener Moderne. Würzburg 2007, S. 44.

238 Hofmannsthal, Briefe I, S. 132 (17.5.1895) und S. 182 (2.5.1896).

239 Guiseppe Farese, 1999, S. 45.

240 Arthur Schnitzler: Liebelei. In: Gesammelte Werke. Bd. 1 (Dramatische Werke). Frankfurt am Main, 1962, S. 219.

241 Ebd., S. 261.

242 Vgl. auch Konstanze Fliedl, 2005, S. 82–84.

243 TB Schnitzler, II, S. 94 (14.10.94) und S. 102 (1.12.1894).

244 Hermann Bahr: Sacher-Masoch. In: Renaissance. Neue Studien zur Kritik der Moderne. Berlin 1897, S. 106f.

245 Vgl. Reinhard Farkas, 1987, S. 64.

246 Arthur Schnitzler: Max Burckhard, April 1912. In: Bahr – Schnitzler, S. 465.

247 Ebd.

248 Vgl. Renate Wagner, 2006, S. 100

249 TB Schnitzler, II, S. 60 (2.12.1893).

250 TB Schnitzler, II, S. 65 (31.12.1893).

251 TB Schnitzler, II, S. 62 (17.12.1893).

252 TB Schnitzler, II, S. 60 (6.12.1893). Vgl. auch TB Schnitzler, S. 74 (11.4.1894).

253 TB Schnitzler, II, S. 74 (2.4.1894).

254 TB Schnitzler, II, S. 211 (20.1.1895).

255 TB Schnitzler, II, S. 114f. (23.01.1895) und S. 131 (23.3.1895).

256 TB Schnitzler, II, S. 153 (18.9.1895).

257 Arthur Schnitzler: Max Burckhard, April 1912. In: BW Bahr – Schnitzler, S. 466.

258 Guiseppe Farese, 1999, S. 67.
259 TB Schnitzler, II, S. 171 (27.1.1896).
260 BW Schnitzler – Hofmannsthal, S. 63 (17.10.1895).
261 Karl Kraus: [Buchrezension Fannie Gröger „Adhimukti"]. In: Karl Kraus. Frühe Schriften. Hrsg. von Johannes J. Braakenburg. Bd. 1. Frankfurt a. M. 1988, S. 218.
262 Felix Salten: Memoiren, S. 5.
263 TB Schnitzler S. 229 (15.12.1896). Vgl. auch Mattl/Schwarz, 2006, S. 30.
264 TB Schnitzler, II, S. 227 (01.12.1896).
265 Karl Kraus: Die Demolirte Literatur. In: Wunberg/Braakenburg, S. 648.
266 Ebd., S. 648.
267 Ebd., S. 649. Vgl. auch Dagmar Lorenz, 2007, S. 172ff.
268 Ebd., S. 654.
269 Dagmar Lorenz, 2007, S. 174f.; Helmut Arntzen: Karl Kraus als Kritiker des Fin de siècle. In: Fin de siècle. Zu Literatur und Kunst der Jahrhundertwende. Frankfurt a. M. Hrsg. von Roger Bauer, 1977, S. 112–124, S. 112ff.
270 Ebd., S. 658.
271 Reinhard Urbach: Karl Kraus und Hugo von Hofmannsthal. Eine Dokumentation. II. 1899–1935. In: HB 12, 1974, 372–425, hier S. 411.
272 BW Hofmannsthal – Beer-Hofmann, S. 47.
273 Schnitzler – Beer-Hofmann, S. 80 (13.9.1895).
274 Brief von Lou Andreas-Salomé an Richard Beer-Hofmann vom 5.12.1895. In: RBH Correspondence. MS Ger 183, (15). Houghton Library, Harvard University.
275 Vgl. Beer-Hofmann: Paula. Ein Fragment. Bd. 6 der GW. Hrsg. und mit einem Nachwort von Sören Eberhardt. Paderborn: Igel Verlag Literatur 1994, S. 94.
276 Beer-Hofmann: Paula. Ein Fragment, S.115f. Vgl. Robert Rößler: Vom Dandytum zum Judentum. Biographische und werkästhe-

tische Entwicklungen bei Richard Beer-Hofmann. In: Hemecker/Mitterer/Österle, 2017, S. 289–296. Vgl. auch: Robert Rößler: Richard Beer-Hofmanns Novelle Der Tod Georgs: Werkgenese im Lichte biographischer Brüche. MA 2017, S. 6–22.

277 TB Schnitzler, II, S. 207 (8.8.1896). Seine Reiseroute hatte Schnitzler zuvor u. a. nach Hamburg, Bergen, Trondheim, ans Nordkap und nach Christiania (das heutige Oslo) geführt, wo er auch Henrik Ibsen begegnete. In Kopenhagen statteten Schnitzler, Beer-Hofmann und Paul Goldmann dem dänischen Literaturkritiker Georg Brandes, der große Stücke auf Schnitzlers Dramen hielt, einen Besuch ab.

278 Rilke an Beer-Hofmann, 8.3.1902. Zitiert nach: Klaus W. Jonas: „Rainer Maria Rilke und Richard Beer-Hofmann". Philobiblon 17, 1973, hier S. 163.

279 BW Schnitzler – Beer-Hofmann, S. 33 (10.3.1892).

280 Stefan Scherer: Richard Beer-Hofmann und die Wiener Moderne. Tübingen 1993, S. 175. Vgl. Robert Rößler, 2015, S. 6–22.

281 BW Hofmannsthal – Beer-Hofmann, S. 70f. (25.9.1897).

282 Beer-Hofmann: Der Tod Georgs. Stuttgart 2009, S. 114. Vgl. auch Dagmar Lorenz, 2007, S. 143.

283 BW Hofmannsthal – Beer-Hofmann, S. 91 (1.9.1899).

284 Vgl. Christian Kloyber und Christian Wasmeier: Das Bürglgut: Von der Großbürgerlichkeit zur Restitution. Innsbruck/Wien/Bozen 2011, S. 21–23.

285 Zitiert nach: Hanns Haas: Die Sommerfrische – Ort der Bürgerlichkeit. In: „Durch Arbeit, Besitz, Wissen und Gerechtigkeit." Bürgertum in der Habsburgermonarchie II. Hrsg. von Hannes Stekl, Peter Urbanitsch u.a. Wien 1992, S. 368.

286 Vgl. Briefwechsel Hofmannsthal – Edmund Hellmer, 6.8.1893; (Freies Deutsches Hochstift / Frankfurter Goethe-Museum); vgl. auch Joachim Seng. Bad Fusch. Die Luft des magisch Belebenden. In: Hemecker/Heumann, 2014, S. 49–69.

287 Vgl. auch: Claudia Bamberg. Aussee. Die Poesie des Lebens. In: Hemecker/Heumann, 2014, S. 415–439.

288 BW Schnitzler – Beer-Hofmann, S. 37 (19.8.1892).

289 Arthur Schnitzler. Briefe 1875–1912, S. 270 (21.7.95) und S. 334 (28.6.97).

290 TB Schnitzler, II, S. 253 (1.7–4.71897).

291 Renate Wagner, 2006, S. 108.

292 Elmar Schenkel: Cyclomanie. Das Fahrrad in der Literatur. Eggingen 2008, S. 133.

293 BW Hofmannsthal – Schnitzler, S. 45 (Der Brief vom 24.8.1893 ist von Schnitzler und Salten gemeinsam verfasst).

294 BW Hofmannsthal – Schnitzler, S. 128 (31.7.1899). Die Begeisterung für das Fahrradfahren nahm nach 1900 rapide ab. Im Jahr 1904 schrieb Schnitzler an Hofmannstal: „Rad beinah gar nicht – die vielen mühelosen Dahinraser im Automobil verderben einem die naive Freude“.

295 TB Schnitzler, S. 291 (20.8.1898).

296 Hofmannsthal an Vater, 23.8.1898.

297 Vgl. Hofmannsthal: Briefe I, S. 232.

298 Brahm an Hofmannsthal, 7.4.1898. In: Hofmannsthal. SW III (Dramen 1), S. 525.

299 Ascanio und Gioconda, das er bereits … beginnt, bleibt Fragment.

300 BW Hofmannsthal – Beer-Hofmann, S. 86 (24.8.1898).

301 BW Eltern. Mutter an Hofmannsthal, 10.9.1898, in: BW Eltern.

302 BW Schnitzler – Beer-Hofmann, S. 124 (5.9.1898).

303 BW Eltern. Hofmannsthal an Eltern, 2.9.1898.

304 BW Eltern. Hofmannsthal an Vater, 20.9.1898.

305 BW Eltern. Hofmannsthal an Mutter, 24.9.1898.

306 Hofmannsthal: Prolog [zu „Der Tor und der Tod“]. In: Werke I (Gedichte, Dramen), S. 306.

307 Max Burckhard: Theater. Kritiken, Vorträge und Aufsätze. 2 Bde. Wien 1905, Bd. I, S. 230. Vgl. Reinhard Urbach: Burgtheater. Spuk-

welt, Schwalbennest, Palast. In: Hemecker/Heumann, 2014, S.69–91, hier vor allem S. 84.

308 Vgl. Reinhard Urbach, 2014, S. 84.

309 Zitiert nach Reinhard Urbach, 2014, S. 86.

310 BW Hofmannsthal – Schnitzler, S. 120 (23. März 1899).

311 Maximilian Harden. Die Zukunft 7 (1899), Nr. 27; In: „Im Geschwätz der elenden Zeitungschreiber". Kritiken zu den Uraufführungen Hugo von Hofmannsthals in Berlin. Hrsg. und mit Erläuterungen versehen von Bernd Sösemann. Berlin 1989, S. 15.

312 Monty Jacobs. Berliner Morgenpost, 21. März 1899. In: Bernd Sösemann, 1989, S. 11.

313 Alfred Kerr: Hofmannsthal. In: Sucher und Selige. Moralisten und Büßer, S. 95.

314 Vgl. etwa die Rezension von Franz Mehring: Die neue Zeit 17 (1898/99). Bd. 2,27. In: Hofmannsthal im Urteil seiner Kritiker. Dokumente zur Wirkungsgeschichte Hugo von Hofmannsthals in Deutschland. Hrsg. und eingeleitet von Gotthart Wunberg. Frankfurt a. M. 1972, S. 59. Vgl. auch Konstanze Heininger, 2015, S. 46.

315 Hans-Peter Bayerdörfer: Inszenierung. In: Schnitzler-Handbuch, Stuttgart 2014, S. 380.

316 TB Schnitzler, I, S. 144 (16.12.1882).

317 Dagmar Lorenz, 2007, S. 146f.

318 Vgl. Kolkenbrock, Marie/Österle, David: Der gelernte Österreicher. Arthur Schnitzler im Ersten Weltkrieg. Ausstellung im Grillparzerhaus, Österreichisches Staatsarchiv (11.4.–12.6. 2018).

319 Vgl. Renate Wagner, 2006, S. 153f.

320 BW Hofmannsthal – Schnitzler, S. 167f. (15.2.1903).

321 Marianne Wünsch: Reigen. Zehn Dialoge (1900). In: Schnitzler-Handbuch, S. 70.

322 Vgl. Nikolaj Beier: „Vor allem bin ich ich…": Judentum, Akkulturation und Antisemitismus in Arthur Schnitzlers Leben und Werk. Göttingen 2008, S. 543.

323 Vgl. Michael Gottstein, 2007, S. 67–71.
324 Mattl/Schwarz, 2006, S. 35.
325 Mattl/Schwarz, 2006, S. 32–35 und S. 42–44.
326 TB Schnitzler, III, S. 242 (25.12.1906).
327 Hermann Bahr: Die Entdeckung der Provinz. In: Gotthart Wunberg 2000, S. 209.
328 BW Hofmannsthal – Schnitzler, S. 133 (8.10.1899).
329 Vgl. Reinhard Farkas, 1987, S. 82.
330 Adalbert Schmidt: Hermann Bahr. Briefwechsel mit seinem Vater. Wien 1971, S. 419.
331 Hermann Bahr: Secession. Wien 1900, S. VII.
332 Reinhard Farkas, 1987, S. 97f.
333 BW Hofmannsthal – Kessler, S. 35.
334 Hofmannsthal an Mutter, 15.4.1900. In: BW Eltern.
335 Vgl. Brief an seinen Vater, 25.4.1898. Zitiert nach: Jugend in Wien. Literatur um 1900. Eine Ausstellung des Deutschen Literaturarchivs im Schiller-Nationalmuseum Marbach a. N. Hrsg. und zusammengestellt von Werner Volke und Ludwig Greve. München 1974, S. 279.
336 Vgl. Helmut Albert Fiechtner: Hofmannsthal. In: Ders.: Hugo von Hofmannsthal. Der Dichter im Spiegel der Freunde. Bern 1963, S. 12.
337 Hofmannsthal: Ein Brief. SW XXXI, S. 46 und 49.
338 Ebd., S. 54 und S. 52.
339 Hofmannsthal: Elektra. SW VII, S. 110.
340 Vgl. Wolfgang Nehring: Elektra und Ödipus – Hofmannsthals ‚Erneuerung der Antike' für das Theater Max Reinhardts. In: Hugo von Hofmannsthal. Freundschaften und Begegnungen mit deutschen Zeitgenossen. Hrsg. von Ursula Renner, G. Bärbel Schmid. Würzburg 1991, S. 127–131.
341 Hofmannsthal: Elektra. (Kommentar), S. 386f.
342 BW Hofmannsthal – Borchardt I, S. 294. (HvH an Marie Luise Borchardt). Vgl. auch Reinhard Urbach, S. 90.

343 Hofmannsthal. SW XXXVIII, S. 418 (August 1899).

344 Hofmannsthal an Hans Schlesinger (8.4.1899). Zitiert nach Claudia Bamberg, 2014, S. 429.

345 BW Hofmannsthal – Beer-Hofmann, S. 106 (5.5.1901) und S. 110 (13.8.1901)

346 Anne-Catherine Simon: Schnitzlers Wien. Wien 2002, S. 99–109.

347 Bis zur Emigration in die Schweiz im März 1939 übersiedelte die Familie für wenige Monate in die Cottagegasse 26. Vgl. Mattl/Schwarz, 2006, S. 67.

348 Arthur Schnitzler. Briefe 1875–1912, S. 449 (1.1.1902) und S. 452 (19.10.1902).

349 Vgl. Renate Wagner, 2006, S. 123–128.

350 Stefan Zweig, 1970, S. 43. Vgl. auch: Egon Friedell: Kulturgeschichte der Neuzeit, Bd. 2. München 1980, S. 1351.

351 Felix Salten: Die Wege des Herrn. In: Die Wege des Herrn. Wien 1911, S. 17.

352 Vgl. Klaus Müller-Richter: „Voll Aufmerksamkeit für ihren Gang …". Felix Saltens Graphologie urbaner Bewegungen in den frühen Novellen (1893–1911). In: Mattl/Schwarz, 2006, S. 74. Vgl. auch Sigfried Mattl, 2017, S. 108f.

353 Hofmannsthal: Wiener Brief [V]. RuA II, S. 317–319 sowie: Zum Programm der Salzburger Festspiele 1928. In: GW RuA III, S. 188f. So schreibt Hofmannsthal etwa über den Innviertler Richard Billinger, Preisträger des Kleist-, Raimund- und Grillparzer-Preises und Erfolgsautor des Dritten Reichs.

354 BW Hofmannsthal – Bodenhausen, S. 16f. Die gängige These, Maria Theresia hätte das „Fuchs-Schlössel", wie das Landhaus bis heute fälschlicherweise bezeichnet wird, für die Gräfin Maria Karoline Fuchs, ihre einstige Erzieherin erworben, ist mittlerweile widerlegt. Der Name Fuchs bezieht sich auf die Grafen Josef Johann und Ignaz von Fuchs, die Ende des 18. bzw. Anfang des 19. Jahrhunderts das Rodauner Schloss besaßen und in der umlie-

genden Gegend Besitzungen hatten. Vgl. Katharina J. Schneider, 2015, S. 54; Vgl. auch: Katja Kaluga und Katharina J. Schneider: Die Legende vom Fuchs-Schlössel. Zur Geschichte von Hofmannsthals Haus in Rodaun. HJb 24 (2016).

355 Vgl. BW Hofmannsthal – Hans Schlesinger, Freies Deutsches Hochstift; vgl. auch Hugo von Hofmannsthal an Franz von Pollanetz, datiert „29. XII." o. J., Material in Privatbesitz.

356 Hofmannsthal hatte bis zuletzt versucht, die „Idee Österreich", die in den Turbulenzen von Nationalitätenkonflikten bereits längst verloren war, mit kulturpolitischen Projekten aufrecht zu erhalten; während dem Ersten Weltkrieg etwa mit der Herausgabe einer „Österreichischen Bibliothek" im Insel Verlag (1915), nach dem Krieg etwa mit der Gründung der Salzburger Festspiele (1920). (Vgl. etwa Nino Nodia: Das Fremde und das Eigene. Hugo von Hofmannsthal und die russische Kultur. Frankfurt a. M. 1999, S. 52.)

357 Vgl. etwa Werner Volke, 1967, 66–87.

358 Geboten wurde unter anderem eine szenische Aufführung von Robert Schumanns „Des Sängers Fluch" unter Saltens Regie und einige szenische Lieder (etwa von Arno Holz und Otto Julius Bierbaum). Franz Wedekind erlebte hier mit seinem Bänkellied „Brigitte B." – es war sein erster Wien-Auftritt – einen „grandiosen Durchfall". Vgl. Mattl/Schwarz, 2006, S. 39.

359 Hofmannsthals Mitwirken scheiterte, da die Bühnenmusik für seine Pantomime „Der Schüler" nicht rechtzeitig vorlag.

360 BW Hofmannsthal – Schnitzler, S. 302.

Bildnachweis

Bildarchiv der Österreichischen Nationalbibliothek: S. 15, 16, 24, 57, 73, 77, 96, 106, 110, 120, 127, 133, 142, 170, 180, 187, 188.

Imagno/picturedesk: S. 10 (+ Cover), 30, 38, 39, 47, 56, 63, 70, 72, 95, 99, 101, 109, 128, 155, 158, 162, 167, 176, 181, 186, 190, 191.

Deutsches Literaturarchiv Marbach: S. 19, 23, 48, 64, 144, 147.

KHM-Museumsverband, Theatermuseum Wien: S. 25, 86, 163, 165 (o.li.), 196, 197.

Stefan George Archiv: S. 49.

Freies Deutsches Hochstift / Frankfurter Goethe-Museum: S. 21, 28, 122, 124, 153, 184, 192, 194.

Danksagung

Der Autor dankt für die bereitwillige Unterstützung bei der Bildbeschaffung: der Österreichischen Nationalbibliothek, dem Deutschen Literaturarchiv Marbach, dem Theatermuseum (Wien), der Wienbibliothek im Rathaus, dem Stefan George Archiv, dem Wien Museum, dem Bezirksmuseum Rudolfsheim-Fünfhaus und dem Freien Deutschen Hochstift / Frankfurter Goethe-Museum, besonders Konrad Heumann und Katja Kaluga.

Für die fachliche und menschliche Unterstützung danke ich Daniela Pingist, Wilhelm Hemecker und Cornelius Mitterer.